喬有乾　錢富

著

政府的錢去哪了

給投資客的總體經濟學

匯ＣＰＩ×法定準備金×外匯存底×財政赤字×通貨膨脹

？？？

不懂外匯存底，你還想做國際貿易？
不懂消費者物價指數，你如何精打細算？
不懂股票綜合指數，你確定要「下海」嗎？

寫給投資客的總體經濟學速成班，
不要想著何時脫離熊市，而是要瞄準進攻牛市！

崧燁文化

U0078249

目錄

目錄

目錄

 目錄

前言

可能有人會認為：總體經濟距離自己太遙遠、太抽象，並不是我們普通人需要了解的領域，其實這種觀念是不正確的。大的、遠的我們不說，就從個人理財的角度而言，總體經濟中所涉及到的股票指數、銀行利率、通貨膨脹、通貨緊縮等概念，在我們的生活中都會經常遇到，如果我們對其有較深入的理解，就能根據總體經濟變化對投資方向適當調整。

窮人和富人的差別，並不是他們現在所持有的財富數量，因為所持有的財富只是暫時的，最主要的是怎樣去對待自己手中的財富。

窮人沒有理財觀念，或者說理財意識很淡薄。他們通常總是將自己辛辛苦苦賺來的錢放到銀行，然後再努力繼續賺錢。雖然人始終是忙碌著，可是錢卻閒置；而富人往往會想盡辦法讓自己的錢活用，善於投資。

本書對總體經濟指標的解讀，並不是進行簡單的概念羅列，而是以淺白的語言對專業術語進行一系列的解讀，並結合總體經濟指數，引導讀者在具體的總體經濟的大環境下，如何去更高效、更穩健的投資。

本書將讀者引入總體經濟的世界，既能讓讀者掌握總體經濟資料指標的基本知識，又能夠依據這些指標資料，預測未來的經濟發展趨勢和國家總體政策走向，同時還能學會如何將總體經濟的思維

巧妙的運用到企業運作、投資理財、消費決策與工作中,從而在市場經濟大潮中降低風險、把握機遇,獲得更好的收益。

　　有一點不得不說的是:指標資料往往是滯後的,而且有時會失真,所以簡單的依賴單一指標來判斷市場、作出投資決策未免天真。指標是死的,人是活的。活用指標的前提,是更準確地理解指標。

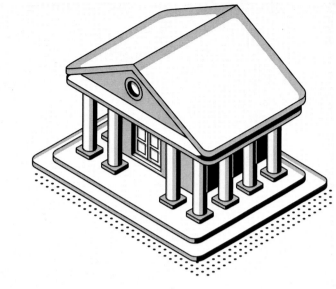

國內生產總值（GDP）

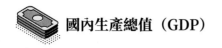 國內生產總值（GDP）

GDP 的含義，如何核算 GDP

GDP（全稱為 Gross Domestic Product）也就是我們通常所說的國內生產總值，它是指一個國家或地區在一定時期內（通常為一個季度或一年）經濟中所生產出的所有最終產品和勞務的價值，這是公認的衡量國家經濟狀況的最常用指標，目前全球各國都採用這種方式衡量國家的經濟狀況。

GDP 不但能反映出一個國家的經濟表現，還可以反映出這個國家的國力和財富狀況。通常情況下，GDP 可分成消費、私人投資、政府支出和淨出口額這四個不同的組成部分。用公式可以這樣表示：GDP = CA + I + CB + X。其中，CA 為消費、I 為私人投資、CB 為政府支出、X 為淨出口額。

那麼，GDP 是如何進行核算的呢？具體的核算方法有以下三種：

第一，用支出法核算 GDP

支出法是核算 GDP 的一種常用方法之一。它是指從產品的使用出發，把一年內購買的各項最終產品的支出累加起來而計算出的該年內生產的最終產品的市場價值。這種方法通常又稱為最終產品法、產品流動法。如果我們用 A1、A2、A3......An 分別代表各種最終產品的產量，用 X1、X2、X3、X4......Xn 分別代表各種最終產品的價格，則使用支出法核算 GDP 的公式就可以這樣表示：

GDP=A1X1+A2X2+......AnXn。

在現實生活中，產品和勞務的最後使用主要是居民消費、企業投資、政府購買和出口。所以，用支出法核算 GDP 的本質其實就

是核算一個國家或地區在一定時期內居民消費、企業投資、政府購買和淨出口這幾方面支出的總和。下面我們具體加以說明：

1. 居民消費（這裡我們用字母 C 表示），主要包括這些方面：購買冰箱、電視、洗衣機、小汽車等耐用消費品的支出，同時也包括服裝、食品等非耐用消費品的支出以及用於醫療保健、旅遊、理髮等方面的勞務支出。我們應該注意的是，建造住宅的支出不屬於消費的範圍。

2. 企業投資（這裡我們用字母 I 表示），是指增加或更新資本資產（包括廠房、機器設備、住宅及存貨）的支出，主要包括了固定資產投資和存貨投資兩大類。

　　其中固定資產投資主要是指新造廠房、購買新設備、建築新住宅的投資。我們在上面剛剛提到建造住宅不屬於消費的範圍就是因為它屬於投資這個範疇。這是為什麼呢？因為住宅像別的固定資產一樣都需要我們長期使用、慢慢消耗。

　　存貨投資就是指企業掌握的存貨（也就是庫存）的增加或減少。我們假設在年初的時候，企業的存貨為 2000 億美元，而年末為 2200 億美元，於是存貨投資額就為 200 億美元。存貨投資既可以是正值，也可以是負值。造成這種現象的出現就是因為年末存貨的價值既有可能大於年初存貨，也有可能小於年初存貨。

　　對於企業而言，存貨之所以被視為投資，這是因為存貨可以產生收入。站在國民經濟統計的角度來看，如果企業生產出來的產品沒有賣出去，那要將這些產品作為企業的存貨投資進行處理。這樣做就能讓從生產角度統計的 GDP 和從支出角度統計的 GDP 相一致。

國內生產總值（GDP）

　　計入 GDP 中的投資指的是總投資，也就是重置投資與淨投資之和，重置投資就是折舊。投資和消費的劃分並不是絕對的，具體的分類就要取決於我們在實際統計中的規定。

3. 政府購買（這裡我們用字母 G 來表示），這是指各級政府購買物品和勞務的支出，涉及範圍比較廣，主要包括政府購買軍火，軍隊和員警的服務、政府機關辦公用品與辦公設施、進行公共工程比如（修路、開辦學校等）方面的支出。當然，政府工作人員的薪資也屬於政府購買的範疇。

　　政府購買的過程其實是一種實質性的支出過程，表現出商品、勞務與貨幣的雙向運動，直接形成社會需求，是國內生產總值的一個組成部分。而政府購買也只是政府支出的一部分，政府支出還有其他方面，比如政府轉移支付、公債利息等，只是這些都不計入 GDP 的統計中。

　　在這裡，我們需要了解一下政府轉移支付。它是指政府不以取得本年生產出來的商品與勞務作為報償的支出，包括政府在社會福利、社會保險、失業救濟、貧困補助、敬老津貼、勞保、健保、對農業的補貼等方面的支出。政府轉移支付是政府透過其職能將收入在不同的社會成員之間進行轉移和重新分配，將一部分人的收入轉移到另一部分人的手中，這種做法的本質就是財富的再分配。政府轉移支付發生時，也就是說當政府付出這些支出時，並不相應得到一定的商品和勞務，它只是一種貨幣性支出，在這個支出的過程中，整個社會的總收入並沒有因此而發生改變。所以，在國內生產總值的核算中不將政府轉移支付列入其中。

4. 淨出口（這裡我們用字母 X-M 表示，X 表示出口，M 表示

進口）是指進出口的差額。進口應從國家總購買中減去，這是因為進口表示收入流到國外，與此同時，也不是用於購買國家產品的支出；出口則應加進國家總購買量之中，因為出口表示收入從外國流入，是用於購買國家產品的支出。所以，淨出口應計入總支出。還有一點，淨出口的數目既有可能是正值，也有可能是負值。

我們將上述的淨出口、企業投資、政府購買、居民消費這四個項目加起來，就是用支出法計算 GDP 的公式：GDP = C + I + G + (X-M)。

統計實踐中，支出法計算的國內生產總值主要包括最終消費、資本形成總額、貨物和服務的淨出口總額這幾個部分的總和。

其中，最終消費又分為居民消費和政府消費兩部分。居民消費除了直接以貨幣形式購買貨物和服務的消費外，還包括以其他方式獲得的貨物和服務的消費支出，也就是虛擬消費的支出。居民虛擬消費支出主要包括這些類型：公司以實物報酬及實物轉移的形式提供給勞動者的貨物和服務；金融機構提供的金融媒介服務；保險公司提供的保險服務。

使用支出法計算 GDP 的優點是這種方法可以計算出消費率和投資率。而消費率就是最終消費占 GDP 的比率，投資率就是資本形成總額占 GDP 的比率。按照相關統計資料，近年來，總體消費率呈現出了比較明顯的下降趨勢，與世界水準相比消費率明顯偏低。所以，當前和今後一段時期內，在經濟總體管制的過程中，必須引起重視的一個內容就是要調整投資和消費的比例關係，擴大內需，抓住擴大消費需求這個重點。

第二，用收入法核算 GDP

這種方法就是從收入的角度出發，把生產要素在生產中所得到的各種收入相加來計算的 GDP，也就是把勞動所得到的薪資、土地所有者得到的地租、資本所得到的利息以及企業家得到的利潤相加來計算 GDP。該方法還可稱作要素支付法、要素成本法。

在完全市場化的運作情況下，沒有政府的干預和介入時，企業的增加值也就是其創造的國內生產總值，這個數值等於要素收入加上折舊，而當政府介入後，政府往往徵收間接稅，這時的 GDP 還應包括間接稅和企業轉移支付的這部分資金。

所謂的間接稅就是指對產品銷售徵收的稅，它包括貨物稅、周轉稅。這種稅收名義上是對企業徵收，但企業可以把它計入生產成本之中，最終轉嫁到消費者身上，所以企業也應將這部分視為自己的生產成本。同樣，還有企業轉移支付（即企業對非營利組織的社會慈善捐款和消費者呆帳），它也不是生產要素創造的收入，但要透過產品價格轉移給消費者，故也應看作成本。

資本折舊也是 GDP 的一個組成部分。雖然它不是要素收入，但是總投資的一部分，所以需要計入 GDP。同時，非公司企業主收入也應計入 GDP 中。什麼是非公司企業主的收入呢？這是指醫生、律師、小店家、農民等群體的收入。他們使用自己的資金，自我雇用，其薪資、利息、租金很難像公司的帳目那樣，分成其自己經營應得的薪資、自有資金的利息、自有房子的租金等，其薪資、利息、利潤、租金常混在一起作為非公司企業主收入。這樣，按收入法計算的公式就是：GDP = 薪資 + 利息 + 利潤 + 租金 + 間接稅和企業轉移支付 + 折舊，也可看成是 GDP= 生產要素的收入 + 非

生產要素的收入。從理論上講，用收入法計算出的 GDP 和用支出法計算出的 GDP 在量上是相等的。

第三，用生產法核算 GDP

這種方法是指按提供物質產品與勞務的各個部門的產值來計算國內生產總值。所以生產法又叫部門法。該計算方法的特點就是它能反映出國內生產總值的來源。在運用這種方法進行計算時，各生產部門要把使用的中間產品的產值扣除，只計算所增加的價值。商業和服務等部門也按增值法計算。衛生、教育、行政、家庭服務等部門無法計算所產生的增加值，這時就可以按薪資收入來計算其服務的價值。

按生產法核算國內生產總值，我們可以按照以下這些部門進行歸類：農林漁業；礦業；建築業；製造業；運輸業；郵電和礦業、公用事業；電、煤氣、自來水業；批發、零售商業；金融、保險、不動產；服務業；政府服務和政府企業。

把這些部門生產的國內生產總值相加，再與國外要素淨收入相加，考慮統計誤差項，這樣就可以得到用生產法計算的 GDP 了。

從理論上來講，按支出法、收入法與生產法這三種不同的方法計算出來的 GDP 在量上是相等的，但實際核算中往往會有所偏差。這是因為會有誤差存在，所以我們在計算的時候應該加上一個統計誤差項來進行調整，這樣就能讓三種方法的計算結果保持一致。實際統計中，一般以國民經濟核算體系的支出法為基本方法，即以支出法所計算出的國內生產總值為標準。

統計實踐中，收入法計算 GDP 的公式是這樣的：GDP= 勞動者報酬＋生產稅淨額＋固定資產折舊＋營業盈餘。下面我們對這

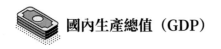

個公式中的四個組成項目進行解釋：

該公式的第一項為勞動者報酬，這是指勞動者因從事生產活動而獲得的全部報酬。其中包括了勞動者獲得的各種形式的薪資、獎金和津貼，既有貨幣形式的，也有實物形式的；同時，勞動者所享受的公費醫療和醫藥衛生費、上下班交通補貼和公司支付的社會保險費等也是勞動者報酬這個項目的歸屬範圍。

公式第二項為生產稅淨額，這是指生產稅減生產補貼後的餘額。具體而言，生產稅就是指政府對生產公司生產、銷售和從事經營活動，以及因從事生產活動使用某些生產要素（如固定資產、土地、勞動力）所徵收的各種稅、附加費和規劃費。而生產補貼正好和生產稅相反，它是指政府對生產公司的單方面的收入轉移，所以可以看作是負生產稅，包括政策虧損補貼、糧食系統價格補貼、外貿企業出口退稅等。

公式第三項為固定資產折舊，這一項是指一定時期內為彌補固定資產損耗按照核定的固定資產折舊率提取的固定資產折舊。它反映了固定資產在當期生產中的轉移價值。

公式的第四項為營業盈餘，這一項是指常駐公司創造的增加值扣除勞動報酬、生產稅淨額和固定資產折舊後的餘額。它相當於企業的營業利潤加上生產補貼。

GDP 能衡量一切嗎

GDP 是描述價格總水準變化的一個重要指標。雖然它很重要，可是它並不能全面的反映經濟發展，所以我們不可一切都用

GDP 來衡量。為什麼說 GDP 不能衡量一切呢？我們可以從以下這些方面談起：

第一，GDP 不能準確反映財富的成長。

對於一個國家來說，它的經濟實力在基本上是由它所擁有的財富存量所決定的，而不僅僅是當期新增加的財富；而且一個國家人民生活水準的高低在基本上也取決於這個國家的人民所擁有的財富存量，而不僅僅是當期新增加的財富。如果經濟雖然成長了，可是成長品質並不高，這就會造成財富的巨大損失和浪費，從而造成財富存量的減少。當出現了這種情況，財富存量就不能與經濟成長率保持同步成長，所以 GDP 就不能準確反映出財富的成長情況。

第二，GDP 並沒有充分反映出公共服務在整個經濟發展過程中的重要作用。

在我們的日常生活中，政府部門對我們所提供的各種服務，比如行政服務、公共安全服務、教育服務、醫療衛生服務、環境保護服務等這些服務在整個經濟的發展中都有非常重要的作用。可是，GDP 核算是以市場活動為主體的，它是以市場價格作為衡量經濟活動的標準尺度的，而政府部門對民眾所提供的公共服務並不存在市場價格。所以，如果我們一切都用 GDP 來衡量的話，顯然忽略了公共服務對經濟發展的重要作用，是不符合邏輯的。

第三，GDP 不能反映經濟發展的品質差別。

不同的國家之間，其企業所生產的產品在品質和品牌數量方面都有很大的差別，特別是已開發國家和發展中國家之間的差別非常明顯；不同的國家所擁有的技術水準、勞動生產率、資本生產率和

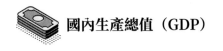

資源產出率的差別也非常大；同時，不同的國家之間對環境的汙染強度也具有很大的差別。而 GDP 並沒有反映出這些資料之間的差別。

第四，GDP 不能全面的反映社會進步。

這一點我們從三個方面說起：

1. GDP 不能反映就業狀況。GDP 這個指標主要反映的是生產活動的最終成果，但是它並不涉及多少人參與了這種生產成果的創造活動，同時也沒有涉及還有多少人希望參與到生產活動中，所以，它不能反映一個國家的就業狀況。

2. GDP 不能反映人民的收入分配是否公平合理。因為 GDP 只是一個生產指標，不是收入分配的指標，它只反映出了生產活動的成果，而不能完整反映收入初次分配，更不能反映收入再分配，所以它不能反映一個國家收入分配是否公平合理。

3. GDP 不能反映社會福利改善情況。比如：GDP 不能反映社會最低生活保障、失業保障、醫療保障、住房保障的改善情況。

第五，GDP 沒有反映非市場性家務勞動。

在我們的日常生活中，家務勞動對每個人而言都是必不可少的。國家的經濟發展程度不同，家務勞動的市場化程度就會有很大的差別。通常情況下，發達國家的家務勞動市場化程度就比較高，而發展中國家的家務勞動市場化程度比較低。我們暫且不管家務勞

動市場化程度的高低，而這些勞動本身都是存在的。可是 GDP 只計算了市場化的家務勞動，所以對於那些經濟發展較弱的國家而言，GDP 和發達國家相比必然會有很大的差距。

第六，GDP 不能反映資源環境的變化。

GDP 可以反映經濟發展的情況，可是在經濟的發展過程中必然要消耗自然資源，這往往就會對環境產生一些負面影響，比如消耗土地資源、水資源、森林資源、礦產資源；比如水汙染，大氣汙染、土地汙染等等，我們在經濟發展過程中所造成的資源消耗成本和環境損失代價卻沒有在 GDP 中反映出來。同時，GDP 也不能全面的反映人類的自發行動對自然環境的改善。

所以，我們不能用 GDP 去衡量一切。在經濟發展過程中，GDP 雖然扮演著重要的角色，但它絕不是能代替一切的，我們發展經濟也不要只顧了盲目追求 GDP。

「綠色 GDP」與 GDP 是什麼關係

綠色 GDP，指用以衡量各國扣除自然資產損失後新創造的真實國民財富的總量核算指標。也就是說從我們現行統計的 GDP 中，扣除了環境汙染、自然資源退化、教育低下、人口數量失控、管理不善等這些因素引起的經濟損失成本而得出的真實國民財富總量。

人類的經濟活動包括兩方面：一方面在為社會創造財富，也就是「正面效應」，而另一方面又以種種形式和手段對社會生產力的發展起阻礙作用，也就是「負面效應」。這種負面效應主要有兩個

國內生產總值（GDP）

方面的表現：一是過度向生態環境索取資源，造成生態資源逐年減少；二是人類透過各種生產活動向環境中排泄廢棄物或砍伐資源使生態環境日益惡化。而目前階段所使用的國民經濟核算制度只反映了經濟活動的正面效應，而對負面效應造成的影響並沒有進行統計，所以這種核算方法是不完整的，是有局限性的，完全不符合可永續發展的策略。

而我們要改革現行的國民經濟核算體系，將我們對環境資源造成的損害也應該進行核算，也就是說要從現行的 GDP 中扣除環境資源成本和對環境資源的保護服務費用，這樣的計算結果就是「綠色 GDP」。

綠色 GDP 在 GDP 中所占的比重越高，就說明國民經濟的長勢良好，呈現出的正面效應越高，負面效應越低；相反，綠色 GDP 在 GDP 中所占的比例越低，就說明國民經濟的發展趨勢並不好。

目前，GDP 是世界通行的國民經濟核算體系。這種體系的成立經歷了漫長的過程，是三百多年來許多經濟學家、統計學家共同努力的結果，直到 1953 年才有了雛形。因為當時的 GDP 核算體系還存在著一些統計上的技術缺陷，所以聯合國又組織了兩次重大修訂，分別是 1968 年和 1993 年，經過這兩次的重大修改，現在，世界各國都普遍採用了 GDP 核算這一體系，成為衡量一個國家經濟發展水準的統一標準。

可是在經濟成長的同時，資源消耗率也會成長，這是必然的。從我們現行的 GDP 中，我們所能看出的只是經濟產出總量或經濟總收入的情況，卻看不出這背後所付出的環境汙染和生態破壞的代價。

　　事實上，環境和生態對一個國家的經濟而言也是一個必不可少的部分。可是因為沒有將環境和生態的因素納入到 GDP 核算中，所以按照傳統的 GDP 所得到的結果並不能全面反映國家的真實經濟情況，這樣得出的一些資料有時會很荒謬，因為環境汙染和生態破壞也能讓 GDP 增加。比如：當發生了洪災，那麼就要修堤壩，這就造成投資的增加和堤壩修建人員收入的增加，於是 GDP 資料也會隨之而增加；嚴重的環境汙染使病人增多，很明顯這就是痛苦和損失，可是這能促進醫療產業的大發展，所以 GDP 也跟著大發展。由此可見，傳統 GDP 的確有很多不完善的地方。

　　有些國家經濟成長速度很迅速，可是在這些看似輝煌的成長背後也造成了巨大的自然資本損失和生態赤字。先不說環境和資源，就是從社會學角度來看，傳統的 GDP 不能反映出社會貧富差距，不能反映出社會分配不公，同時也不能反映出國民生活的真實品質等等，GDP 的這些缺陷早就需要修正了。

　　隨著環境保護意識的發展和可永續發展理念的逐漸興起，發達國家的經濟學家和統計學家們便開始嘗試將環境要素納入國民經濟核算體系，以發展新的國民經濟核算體系，這便是綠色 GDP。

　　從 GDP 到綠色 GDP，意味著人們的觀念產生了深刻的轉變，意味著全新的發展觀與政績觀。綠色 GDP 不但具有傳統 GDP 的功能，同時也力求將經濟成長與環境保護統一起來，從而綜合性的反映出了國民經濟活動的成果與代價，其中包括生活環境的變化。綠色 GDP 是建立在以人為本、協調統籌、可永續發展的觀念之上的，這種計算方法是更加科學的。

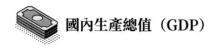 國內生產總值（GDP）

投資必讀

在投資中承擔風險是必然的，把握機會，做好投資，這是非常重要的。年輕人要想在投資中取得一定的成效，那就必須先做好應對各種風險的準備。

為此，我們需要先了解一下目前市場上的各種理財類產品，如果按照產品的風險高低，可分為下面這些類型：

第一，低風險程度的理財產品

這類產品主要包括了銀行儲蓄和國債，因為有銀行信用和國家信用做保證，所以這類產品的風險通常都是最低的，可是它們的收益率也較低。對於投資者而言，可以保持一定比例的銀行存款，這種做法能保持資金適度的流動性，從而就可以滿足日常生活所需，還能等待時機購買高收益的理財產品。

第二，較低風險的理財產品

這類產品主要指各種貨幣市場基金或債券型基金，此類產品主要投資於於同行拆款市場和債券市場，具有低風險和低收益率的基本特徵。

第三，中等風險的理財產品

主要是由信託類理財產品和偏股型基金這兩種產品構成的。所謂信託類理財產品是指由銀行發行的貨幣理財產品所募集的全部資金，投資於指定信託公司作為受託人的專項信託計畫。信託公司則為其提供專家理財、獨立管理，投資者自擔風險的理財產品。投資者在進行這類產品投資之前，需要注意經過認真的思考分析，弄清募集資金的投向、還款來源是否可靠、擔保措施是否充分、信託公

司自身的信譽等方面的問題。

所謂的偏股型基金是以投資股票為主的基金，這類基金收益很大，通常的年收益可達 20% 左右，可是所面臨的風險也很大，可能一年下來本金也會遭受損失。

第四，高風險的理財產品

這類產品主要指股票、期權、黃金、藝術品等投資項目。因為市場本身具有風險特徵，所以要投資這些項目，投資者就必須擁有專業的理論知識、成熟的投資經驗和敏銳的判斷分析能力，這些因素聚集在一起才有可能在這類市場上取得一定的成績。

於是，我們就可以明白，收益越高的產品所需承擔的風險就越大。當然，這並不是說我們就只能將自己的資金投入到一些低風險的理財產品，不去嘗試高風險的理財產品。高風險還是可以適當的試試。因為投資市場上本來就存在一定的風險，重要的是我們如何去規避，倘若因噎廢食，那麼投資者只能註定一生平庸。

通常，在投資的過程中，我們所面臨的風險主要有市場風險和非市場風險兩種。市場風險就是指因股市價格、利率、匯率等的變動而造成理財產品的潛在損失的風險，這主要有權益風險、匯率風險、利率風險以及商品風險。投資者進行投資，面對這類風險是很正常的，因為該類風險與總體經濟形勢的好壞、財政政策的實施、貨幣政策的調整以及政局的變化、匯率的波動、資金供需關係的變動等因素都有相互關聯，不是投資者所能左右的，是無法消除的。

所謂的非市場風險就是指與整個市場波動無關的風險，它是某一企業或某一個行業特有的那部分風險。比如：管理能力、勞工問題、消費者偏好變化等對於證券收益的影響。此類風險和整個市場

的客觀波動是沒有關係的，所以投資者就可以透過分散投資的方法來抵消這種風險。

那麼，當我們面對這些風險的時候，應該怎樣才能規避和有效應對呢？也就是說，投資者理性投資才能有比較好的效果。而要做到理性投資，就需要先從投資者自身出發，來評估其風險承受水準。

第一，評估投資者的風險承受能力。該項評估主要包括了投資者的年齡、就業狀況、收入水準、家庭負擔、置產狀況等方面。一般情況下，退休家庭、老年層次的家庭和中低收入人群的風險承受能力是比較弱的，所以他們就比較適宜做一些低風險產品投資；而對於單身白領和中高收入家庭來說，他們的風險承受能力就比較強，所以可以嘗試投資高風險理財產品。

比如：我們可以看下面這個例子：

張鵬祥先生今年 60 多歲，是退休職員，他的老伴是一位高中退休教師，他們倆人每月的退休金共 24000 元。現在，他們的家庭存款有 100 萬元，購買國債 20 萬元，現金 40 萬元。兩位老人的子女已經獨立，他們和子女分開居住，老兩口每月的總支出大約為 8000 元。雙方都有醫療保障和養老保障。針對這種情況，他們怎樣更好的進行投資理財呢？

投資理財專家建議，兩位老人可以按照下面的方式去投資理財：

1. **準備出適當的緊急備用金**。具體而言是這樣的：從手頭上的 40 萬元現金中拿出 4 萬元作為活期存款，然後將剩下的 36 萬元平均分成三等份，從現在起的三個月，

每月存一筆 12 萬元定期存款，期限設為三個月，並設定為自動轉存。這樣做的好處就是以後每個月都會有一筆錢到期，不但不妨礙自己用錢，而且還能得到定期存款的利息。

2. **做好自己的消費計畫。**兩位老人已經退休，那麼就考慮提高自己的晚年生活品質，也就是說可適當增加外出旅遊、保健以及文化娛樂等方面的開支。這種做法對保持良好的精神狀態和身體健康有很好的作用，同時也能減少醫療費用的支出。

3. **制定出保險規劃。**張鵬祥先生和老伴可以考慮分別購買一份意外傷害及意外傷害醫療保險，這樣做可以提高因意外急診或生病住院的醫療費用報銷比例，對他們而言是非常適合的。

4. **做出投資規劃。**對於兩位老人目前所持有的國債可繼續持有至滿期，當滿期後也可以繼續投資三至五年期國債。

第二，評估投資者的風險承受態度。投資者可以根據自身的風險偏好對可接受的本金損失程度以及理財產品的整體市場走勢做出一個預測，然後根據這個結論來選擇適合自己的理財產品。對於任何一個投資者來說，都應具備良好的心態，也就是說不論市場發生什麼變化，自己都要做出理性的分析。

第三，長期投資是永遠的法則。風險補償通常都要在相對長的時間才會在市場展現出來。國外市場上情況是這樣的：股票如果投資 10 年，虧錢機率為 2%，這就說明投資者有 98% 的機會賺錢；

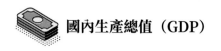 **國內生產總值（GDP）**

如果投資 15 年，出現虧錢的情況幾乎是不會發生的。

近年來，股票市場也表現出這樣的情況：如果持有股票的時間只有 1 年，那麼虧損機率就高達 46%；如果持有 3 年，虧損的機率就下降到了 11%；如果堅持持有 5 年，投資收益率為負的機率就很低了。這表明，理財是一個長期行為，投資者在實際中應該以長期投資的心態對待理財產品，這樣才能獲得不錯的收益。

總之，在 GDP 增速比較快，投資環境相對比較穩定的情況下，做好投資會獲得好的收益。同時也要記住，不論什麼時候，投資都應該遵循不把雞蛋放在一個籃子裡這樣的原則，也就是要投資多項產品，從而避免在風險到來的時候死在一棵樹上。

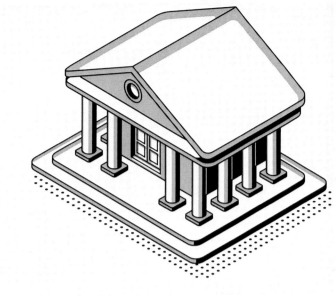

經濟成長率

 經濟成長率

經濟成長和經濟發展是一回事嗎

也許很多人都覺得經濟成長和經濟發展是一回事。真是這樣嗎？事實上，這是兩個既有聯繫又有區別的概念。

從 20 世紀開始，不同時代的經濟學家們都對經濟發展提出了不同的解釋：20 世紀中葉以前，經濟學家認為經濟發展就是經濟成長；到了 1960 年代，經濟學家認為經濟發展包含成長和結構變化這兩個方面的變化；1970 年代，這個概念轉換為經濟發展強調分配不公、失業和貧困問題的改善；1980 年代的時候，經濟學家認為經濟發展的側重點是重視人口、資源和環境這些方面的問題；從 1990 年代以後，人們認為經濟發展要以人為本的發展。總體看來，人們對經濟發展的理解是隨著經濟發展狀況和經濟發展學說的進化而不斷完善的。

現在，人們公認的經濟發展這一概念，是指一個國家或地區按人口平均的實際福利成長過程，它既是一種財富和經濟量的增加和擴張，又意味著經濟結構、社會結構的創新，社會生活品質和投入產出效益的提高。也就是說，經濟發展就是在經濟成長這個基礎上，一個國家或地區經濟結構和社會結構持續高級化的創新過程或變化過程。

經濟發展主要包括了三個方面的內容，即：生存、自尊和自由。生存是人類的最基本的生活需求，包括衣、食、住、行、健康和保護，倘若這些最基本的需求得不到滿足就無法維持生存。而要滿足這些需求，那就必須提高收入、消滅貧困、增加就業，與此同時也要減少收入上的不平等。這些就構成了經濟發展的必要條件。

近年來，國家提出了科學發展觀這一發展新理念。該理念提出，社會發展的根本目標就是為了實現人的全面發展，主要包括經濟、社會和人的全面、協調、可永續發展。

經濟成長主要反映和展現財富與產出量的增加以及由此所引發的有關經濟方面關係的發展問題。顯然，經濟成長與經濟發展是不相同的，兩者之間不能劃等號。

經濟成長是促進社會經濟發展的手段，通常情況下都用 GDP 來度量。比如：隨著經濟的成長而造成的濫用資源、砍伐森林、草原退化、水土流失、沙漠化、河川逕流量減少和耕地面積銳減等環境破壞問題越來越嚴重，這些都是損失，應該從 GDP 核算中扣除。可是長期以來，人們並沒有清楚的意識到經濟發展與經濟成長的區別，所以就導致錯誤的把經濟成長（即 GDP 成長）認為就是經濟發展，覺得只有經濟成長了才能解決一切社會問題、才能自動實現社會的進步與發展。

在這種觀念的促使下，我們的生活實際中，就出現了很多盲目崇拜 GDP 的事情，很多時候將「以經濟建設為中心」演變成了「以 GDP 為中心」，將「發展才是真理」理解成了「GDP 成長才是真理」。結果造成，一切唯 GDP 為指揮棒，出現了大量的資源浪費、環境汙染、生態失衡、社會貧富分化等社會問題的湧現，導致看似經濟出現了成長，但實質上是「無發展的成長」。

當然，經濟發展也離不開經濟的成長。因為在推動經濟發展的很多因素中，經濟成長是經濟發展的基礎，它決定了經濟發展的基本動力，是經濟發展必須的、首要的物質條件，如果沒有經濟成長，經濟發展只能是海市蜃樓。因此，我們強調經濟發展就必須重

視經濟成長的基礎地位和重要作用。

　　只有經濟持續成長，才可能實現物質財富的不斷成長，從而才能改善和提高國民的物質文化生活水準，讓一般民眾也參與到公共事務中。倘若沒有經濟成長，這些能力的擴大都將是非常有限的。

　　經濟發展所強調的政治、經濟、文化、社會的協調發展都必須以經濟成長為前提。在對待經濟成長與經濟發展的關係問題上，我們必須始終對經濟成長保持足夠的重視，要將經濟成長放在第一位，而不是本末倒置。從國情出發，在今後的發展中，只有保持較高的經濟成長，才能不斷滿足廣大人民群眾日益成長的物質文化生活需求，才能逐步實現社會公平，從而保持社會的穩定和快速發展。

　　構建社會主義和諧社會的目標，這個目標的實現，最主要的還是取決於經濟發展的進程，而經濟發展又必須建立在持續、健康、和諧的經濟成長這個基礎之上。

　　所以，社會和諧作為小康社會的經濟發展目標，這是一個集總體與個體、城市與鄉村、經濟、政治、文化、社會發展與生態環境以及人的全面發展在內的綜合性、系統性目標，在實現這個目標的過程中，不能僅僅像以前一樣只以經濟成長為目標，同時還要加大環保力度和科技創新的力度，促使產業升級。

　　我們應該以經濟的全面、協調、可永續發展的觀念來引導經濟成長，從而逐漸解決經濟成長過程中出現的各種社會問題，讓經濟成長和經濟發展協調一致。只有這樣，才能從根本上讓人民的生活水準得到保障。

誰都逃不開的經濟週期

經濟也有一定的週期，它總會在繁榮和衰落中不斷循環。這就像人們對於自己的生活總是從樂觀的高峰跌落到失望的深淵，然後又在某種契機下重新燃起了生活的希望一樣。經濟的發展規律也是這樣的，高低循環，有高峰就有低谷。

一般而言，經濟週期有這麼四個階段：繁榮、衰退、蕭條、復甦。在這四個階段中，繁榮和蕭條是兩個主要階段，衰退與復甦是兩個過渡性的階段。不論經濟處於哪一個週期，通常我們都可以透過不同的經濟指標的高低來進行判斷，如 GDP 成長率、失業率、價格指數等等。經濟階段不同，經濟指標的表現也是不同的。我們可以看看經濟週期中不同階段的具體情況。

第一，衰退階段

該階段開始於經濟週期的高峰之後，當經濟運行到高峰期後，必然會逐漸走向衰落。這個時候市場需求開始不斷萎縮，於是便造成供過於求，企業的盈利能力較弱，利潤率不斷下降，連同大宗商品在內的整體物價水準開始不斷下跌，造成企業的產品流通率低，大量產品積壓，從而讓經濟成長速度減緩甚至停滯。

第二，蕭條階段

該階段供給和需求都處於較低的水準，特別是經濟前景還比較迷茫，使得社會需求不足，資產縮水，失業率處於較高的水準。通常在這種情況下，政府的總體管制就會逐漸出現一定的效果，漸漸的減少社會恐慌情緒，從而讓人們對未來的信心逐漸恢復，於是整

個社會經濟便在探底後開始出現回升的跡象。

第三，復甦階段

經濟蕭條，所以政府便透過一系列的管制手段來刺激經濟發展，這個時候管制手段的效果已經初步顯現，經濟開始復甦，需求開始釋放，生產逐漸活躍，價格水準趨穩並進入上升區間。同時 GDP 的成長率可能由負轉正，由慢變快，並且逐漸提高。由於此時企業閒置的生產能力還沒有完全釋放，週期性的擴張也變得強勁，所以在這個階段，企業的利潤也開始大幅成長。

第四，繁榮階段

該階段因為投資需求和消費需求的不斷擴張，而且超過了產出的成長，所以刺激產品的價格就會迅速上漲到較高水準。這個階段就業率比較高。對於企業而言，它們的生產能力的成長速度開始減速，逐漸面臨產能約束，而且通貨膨脹的威脅也開始顯現。

上述四個階段就是整個經濟週期的循環過程。在經濟發展過程中，經濟週期是不會受到任何外力的干擾而產生轉移的，它永遠都會依照自己的規律循環往復。所以，對我們而言，掌握經濟週期的規律，關注經濟週期各階段的變化，這些都是很有必要的。

投資必讀

隨著社會經濟的大力發展，經濟發展迅速，有經濟發展這個大環境的保證，所以人們的消費觀念也發生了很大的變化。特別是年輕一族的消費觀念和他們的父輩有很大的不同。在他們的生活中，常常會產生這些疑問：錢不夠花怎麼辦？究竟需不需要理財？理財

應該如何進行？沒錢怎麼理財？對年輕人的這些疑問，理財專家提示，年輕人應走出資理財的幾個盲點，盡早學會投資理財，早理財，早受益。

具體需要克服的盲點如下：

第一，沒財可理

不少人都有這樣的觀點「理財投資是有錢人的專利」、「理財理財，有財才能理財，沒財還有什麼可理呢？」實這樣的想法是錯誤的。不同數目的錢，可以有不同的理財方式。1000 萬有 1000 萬的投資方式，1000 元同樣有 1000 元的理財方法。現實生活中，很有錢的人其實也只是少數，大多數人都是中產階級上班族、小康家庭百姓。

理財不論是對有錢人還是對普通的小資族而言，其實都可以產生比較好的作用。有錢人透過理財能讓自己的財富像滾雪球似的越滾越大，而普通小資族同樣也能透過理財「滴水成河」、「聚沙成塔」，最終實現自己的夢想。

如果不樹立理財觀念，那麼永遠就不會有財可理。

霍成軍先生在一家 IT 企業工作，他的月收入 34000 多元，在上繳個人所得稅和各項保險之後他每月實際入帳 20000 多元。他來到這也有 3 年的時間了，但是幾乎沒有什麼存款，是一個十足的「月光族」。霍成軍真的是無財可理嗎？

顯然不是。關鍵是他們沒有建立起理財觀念，沒有對自己的錢做出一個合理的規劃。通常花錢揮霍無度，給自己買了 iPhone 12 手機、蘋果電腦等，而且穿著追求名牌。

通常，他每月的日常開支都是由這些組成的：伙食費支出

2800 元；朋友聚餐支出 2000 元；房租 8000 元；水電支出 2250 元；手機費支出 600 元；一個月會有兩次去逛超市的消費支出，大概在 4000 元左右。所以，往往幾乎每月他都感覺自己的錢不夠花。

我們看看先生的情況，其實按照的薪資水準和支出構成而言，如果做出合理規劃，一定能讓自己的錢用得恰到好處，而且還能避免一些不必要的消費。

在任何時候，「沒財可理」都只能是對自己不負責任的一個藉口，其實哪怕我們每月僅從自己的薪水裡拿出 10% 的資金，在銀行開立一個零存整付的帳戶，經過多年的累積，最後本金加上利息也是一筆不小的收入。

理財並不分先後，也不分年齡。所以不論你是窮是富，只要你有收入就可以嘗試理財。理財中經常有這樣的說法「你不理財，財不理你」，只要自己做到精準理財，就能事半功倍，讓自己的財富越來越豐厚，從而輕鬆享受人生。

第二，不需要理財

有的人覺得在平時自己都會有意識的剩一定的錢，不會選擇月光，所以沒有必要進行理財。也有的人認為，自己目前的薪資水準也不低，足夠自己的開銷，再加上父母給自己強有力的支持，所以也沒有必要理財。

黃歡琳今年 25 歲，是一個公司的大客戶經理，工作年資 4 年了，現在她年收入已經達到 60 萬元以上。而她的消費也比較高，買了一輛車，每天開車上下班。而且平時從來不在家做飯，穿戴追求的都是名牌，晚上有空也熱衷於去酒吧消費。在黃歡琳看來，像她這樣的高收入者根本就沒必要去理財。

天有不測風雲，有一天黃歡琳接到老家打來的電話，得知母親得了肺癌，需要做手術，可是手術費要 50 幾萬。這可讓黃歡琳傻眼了。在家人的眼裡，黃歡琳的收入這麼高，肯定是可以承擔這筆費用的。可是他們那裡知道黃歡琳平常花錢如流水，根本就沒有什麼存款。要急用錢的時候，沒錢了，可是不管怎麼樣母親的病也得治啊。於是黃歡琳只好向身邊的朋友求助，透過東拼西湊，終於把救命錢給拿出來了。黃歡琳的朋友們也都感到很奇怪，像她那樣的高收入階層，工作了 4 年，怎麼能拿不出 50 幾萬元的錢呢？黃歡琳很慚愧，所以從此之後，就再也不敢亂花錢了，開始逐漸學習理財。

從黃歡琳的事例我們可以看出，不論自己現在是否有錢，都應該為自己做出長遠的規劃和打算。窮人可以透過的自己的努力變富，當然富人如果不認真打理自己的錢財就可能變窮。沒有永遠的窮人，也沒有永遠的富人。可能你在 10 年前是一個比較富有的人，可是 10 年後你的財富依然保持在原有的水準上的話，甚至還比原來那個基礎有所減弱，那麼，你就可能在不知不覺中跨入到窮人的行列了。

對於年輕人而言更是如此，可能你目前的月收入比較樂觀，但是你能保證自己以後也保持這種樂觀的收入嗎？你能保證自己目前的工作是鐵飯碗嗎？還有當你將來買車、買房、結婚、生孩子以後，每個月都需要到銀行繳帳單、同時還要為自己的孩子儲備豐厚的教育基金，在那個時候你還能像現在一樣寬裕嗎？所以，早一步投資、理財，會讓自己的生活早一步邁向一個新台階。

 **經濟成長率**

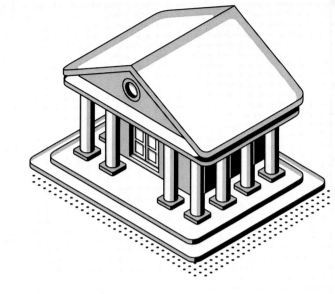

外匯存底

 **外匯存底**

什麼是外匯存底

一國政府所持有的國際儲備資產中的外匯部分就是外匯存底，這是一個國家所持有並可以隨時兌換外國貨幣的資產。

外匯存底在經濟的發展過程中扮演著十分重要的角色。它是一個國家國際清償力的重要組成部分，同時對於平衡國際收支、穩定匯率有重要的影響。為了應付國際支付的需要，外匯由各國的中央銀行及其他政府機構所集中掌握，是該國出口商品不能收到黃金白銀等貴金屬資源產生的對外債權，是出口國對進口國的商業信用。

倘若外匯存底大量累積，這將會使出口企業的成本開支無法彌補而倒閉破產。而且大量持有紙幣形態的外匯存底，就給外匯發行國透過通貨膨脹逃脫債務開闢了方便的通道，這樣會讓持匯國造成巨額的匯兌損失從而導致銀行破產。

我們還可以從以下方面對外匯進行更加深入的了解：

第一，外匯存底的主要形式

主要有政府在國外的短期存款和其他可以在國外兌現的支付手段，比如外國有價證券，外國銀行的支票、期票、外幣匯票等。第二次世界大戰後，美元在國際上充當了國際貨幣的角色，所以很長一段時期內，西方國家外匯存底的主要貨幣是美元，其次是英鎊。從 1970 年代開始，德國馬克、日元、瑞士法郎、法國法郎等也成了不少國家外匯存底的主要貨幣。

第二，外匯存底比例

在國際儲備資產總額中，外匯存底比例不斷增高。一個國家外

匯存底的多少，從一定程度上可以反映出這個國家應付國際收支的能力，這關係到該國貨幣匯率的維持和穩定。它是顯示一個國家經濟、貨幣和國際收支等實力的重要指標。

第三，外匯存底組成

外匯存底主要的組成有四個部分：

1. 巨額貿易順差；

2. 外國直接投資淨流入的大幅增加；

3. 外國貸款的持續增多；

4. 對貨幣升值預期導致的「熱錢」流入。

一定的外匯存底是一國進行經濟調節、實現內外平衡的重要手段。當國際收支出現逆差的時候，國家就會動用外匯存底。

外匯存底可以促進國際收支平衡；當總體經濟出現不平衡狀況時，比如出現總需求大於總供給，這時就可以動用外匯組織進口，從而調節總供給與總需求的關係，維持總體經濟的平衡。同時當匯率出現波動的時候，國家就可以利用外匯存底干預匯率，使之趨於穩定。所以，外匯存底是實現經濟均衡穩定的一個必不可少的手段，尤其是在當今經濟全球化不斷發展的情況下，一個國家的經濟更容易於受到其他國家經濟影響，所以保證一定的外匯存底，是一個國家應付其他國家強有力的手段。

一般來說，外匯存底的增加不僅可以增強國家總體管制的能力，而且對於維護國家和企業在國際上的信譽也有很大的幫助，有助於拓展國際貿易、吸引外國投資、降低企業融資成本、防範和化解國際金融風險。適度外匯存底水準是由多個因素所決定的，比如進出口狀況、外債規模、實際利用外資等。國家應根據自己所持有

 **外匯存底**

外匯存底的收益、成本這些方面的狀況，把外匯存底保持在適度的水準上。

外匯存底越多越好嗎

外匯存底是一個國家經濟金融實力的重要標誌，它往往可以抵禦金融風暴，穩定該國匯率以及維持該國國際信譽。外匯存底在國家的經濟中既然扮演著如此重要的角色，那麼是不是外匯存底越多越好呢？其實並不是。以國家為例，可以從這幾點進行分析：

第一，損害外匯持有國的經濟成長潛力。

一定規模的外匯存底流入，也表明具有相應規模的實物資源的流出，這種狀況對國家的經濟發展是不利的。倘若外匯存底超常成長持續下去，將會損害的經濟成長潛力。

第二，給外匯持有國帶來利差損失。

保守估計，以投資利潤率和外匯存底收益率差額的 2% 來看，如果一個國家擁有 6000 億美元的外匯存底，這樣該國的年損失就會高達 100 多億美元。再加上考慮到匯率變動的風險，那麼該國的損失就會更大。另外，從目前的實際來看，世界上很多國家的外匯存底中絕大部分都是美元資產，如果遇到了美元貶值，那麼該國的儲備資產也會隨之出現嚴重縮水。

第四，削弱了國家總體管制的效果。

在當前的外匯管理體制下，央行負有無限度對外匯資金回購的責任，所以在外匯存底不斷成長的情況下，外匯占款投放量就會不斷加大。而外匯占款的快速成長不僅從總量上制約了多年以來總體

管制的效力，而且從結構上也削弱總體管制的效果，並進一步加大貨幣升值的壓力，使央行管制貨幣政策的空間越來越小。

第五，影響對國際優惠貸款的運用。

過多的外匯存底會使國家失去國際貨幣基金組織（IMF）的優惠貸款。IMF明確規定，外匯存底充足的國家不但不能享受該組織的優惠低息貸款，還必須在必要時對國際收支發生困難的其他成員國提供幫助。這對國家而言，是一種巨大的損失。

第六，推高國家貨幣的通貨膨脹。

資源的流失和大量發行國家貨幣所換來的外匯如果不能實現購買，這就會造成通貨膨脹的居高不下。

第七，迫使生產企業和銀行系統倒閉。

出口創匯不能回購資源，在發行國家貨幣虛增企業利潤來實現，實質上是生產企業的出口成本以通貨膨脹消化，長期運作，使所有生產企業總體上收不抵支，使這些企業所持有的生產資料轉化為外匯存底的貨幣形態，造成倒閉，而以企業經濟盈利為基礎而生存的銀行也會因企業的倒閉使放出的貸款不能收回而破產。

第八，給外匯發行國透過大量發行鈔票，稀釋其貨幣購買力，掠奪持匯國的財富以逃避債務創造條件。

這是形成中央銀行的匯兌損失的主要原因。

第九，蒸發國家貨幣的儲蓄。

大量通貨膨脹本身是中央銀行稀釋國家貨幣購買力的表現，但中央銀行在稀釋購買力時沒有補貼持幣人等比的貨幣，從而造成人民群眾的財富蒸發。

第十，螞蟻搬家式的將國家貨幣的發行準備移出國外，造成國家貨幣主權的喪失。

大量發行國家貨幣購買外匯，是以所謂的單向等價交換為特徵實現，即使用國家貨幣購買外匯，而外匯發行國將換得的貨幣購買商品輸入其國家，銷售後補足外匯的發行準備，回籠該國貨幣削減其債務。而國家因囤積外匯不能回籠資源，造成大量無準備的貨幣發行，從而喪失對國家貨幣的節制，任其通貨膨脹，這意味著國家貨幣主權的喪失。

外匯存底是國家財政收入嗎

政府財政收入的主要來源是企業和居民繳納的稅款，也就是說，稅收是財政收入的主要來源。稅收是政府提供服務的報酬，所以構成了政府的收入或者政府資產。

而外匯存底實際上大多是創匯企業和居民的存款，它並不直接屬於國家所有。在通常情況下，企業創匯、老百姓打工賺來的外匯都不能在國內流通，而是存在指定的銀行。所以這些來自企業和居民的外幣儲蓄就是外匯存底的主體部分。它們其實是屬於企業和居民的錢。

當國家要動用外匯存底的時候，需要在結匯之後進行，也就是說，當國家使用貨幣買下了這些外匯，而存款人提走的是鈔票。所以，中央銀行透過增加貨幣發行從企業和個人手中購買，到了這時，外匯存底才成為中央銀行的資產。倘若這時用外匯存底惠及民眾，這就相當於央行用等額外匯存底來擴張貨幣量，這種做法是

很危險的，因為可能會引發通貨膨脹，當然這種做法是國家不允許的。

由此可見，外匯存底與財政收入是不同的。財政收入是真實的政府收入，而外匯不是真實收入。

投資必讀

在投資的過程中，外匯投資也是一個重要的組成部分，投資者要進行外匯投資，就必須先了解一下獲得外匯的管道。通常主要有以下四條。

（一）透過境外的親戚朋友將外匯匯入境內；

（二）去境外工作或學習結束後，將在國外期間的剩餘的外幣帶回國；

（三）利用出國旅遊、訪問等機會，縮衣節食，將在國內按國家規定額度兌換的外幣省下後帶回國內；

（四）在境內的外資企業員工，以勞動報酬形式獲得的外幣。

銀行都推出了多種多樣的外匯理財產品，因為品種繁多，所以對於普通投資者而言就可能面臨如何選擇的難題。鑒於這種情況，理財專家建議資者購買外匯理財產品的時候可以從以下幾點做起。

第一，要注意自身的風險承受能力

通常，外匯理財產品可以分為固定收益類產品和浮動收益類產品。其中的固定收益類產品可以保證原貨幣的本金和利息不受損失，這就是通常所說「保本保息」。此類產品對於那些不太了解國際金融市場、風險承受能力較弱的普通投資者來說是比較適合的。日常生活中購買此類產品的主要有兩類人：一類是為了子女未來留

學、出國旅遊等需要而持有外匯，但目前還沒有具體投資方向；另一類是有穩定的境外外匯，可是暫時也沒有投資方向。

浮動收益類產品的收益還是比較高的，可是收益高就意味著它面臨著更大的風險。此類產品對於那些了解國際金融市場、有一定風險承受能力的投資者和金融資產較多的高端客戶而言是比較適合的。

外匯也是商品。通常一種商品被投資者看好，那麼它的價格就會節節升高，甚至有的時候都會超過它的真實價格，所以說人氣可以決定它的價格。當然我們同時也要明白，炒匯買的是勢力，什麼幣種買的勢力大，這個幣種就會不斷創新高；相反，什麼幣種賣的呼聲高，它就會出現下跌，還有可能屢創新低。

在購買外匯產品的時候，銀行在外匯理財產品銷售時雖然給投資者提出的預期最高收益率，可是這僅僅是一個理論值，並不代表在未來就一定能產生那麼多的實際收益。所以投資者不能因此而產生錯覺。應該在投資的時候考慮清楚自身的風險承受能力，不可高估，否則可能出現大的投資失誤。

第二，注意匯率風險

尤其是對於那些跨幣種結構性外匯理財產品而言，投資者一定要提高警覺。比如：以澳幣來投資美元的理財產品，這樣的投資，銀行在具體運作的時候就會先將澳幣兌換成美元，等產品到期之後，然後將運作本金和收益再兌換回澳幣。在這期間，如果沒有風險對沖措施，兩次匯兌的時間錯配就可能會引發匯率風險。

在購買外匯理財產品的時候，通常可以選擇期限短的品種來規避匯率風險；而對於那些期限長的品種，則需要盡可能準確判斷出

它的預期收益，從中選擇出收益更高的品種以此來彌補匯率所帶來的風險。

第三，注意產品搭配標的

銀行所發行的外匯理財產品中搭配能源、貴金屬、指數基金價格的結構性外匯理財產品品種都有所增加。這就要求投資者在選擇結構性外匯理財產品的時候對搭配標的有一定的了解，因為如果投資者對所購產品的搭配標的未來走勢判斷失誤，這就可能讓投資者陷入零收益甚至負收益的窘境。

另外，搭配標的為股票、基金、指數或商品的結構性的外匯理財產品通常情況下都有比較大的風險，銀行就可能將其設計為保本浮動收益型或部分保本型產品，可是投資者在確定投資之前就需要識別其中蘊藏的風險，了解產品的結構設計是否合理，倘若投資能否實現盈利。

同時，對浮動收益類產品的條款也要有清楚了解，這方面的資訊主要包括了解觀察區間、搭配方向和付息情況等。通常，觀察區間越寬，投資者所能獲得的最高收益就越大，這對投資者而言是有利的；從搭配方向來說，現在市場上的產品既有正向搭配，也有反向搭配，也就是說有些產品是跟隨外匯升息、水漲船高，而有一些則恰恰相反；就付息方面而言，包括了付息的頻率和年收益率，付息的頻率越高就對投資者越有利。

謝美琳女士是一位初涉外匯市場的投資者。她投資了澳幣理財產品，可是後來不但沒有賺錢，反而給自己造成了慘重的損失。

她說，當初聽朋友說澳幣理財產品的收益率很高，通常能達到8% 以上。聽了朋友的介紹，她還專門在網路上了解了一下澳幣理

財產品的各種情況。她覺得投資澳幣理財產品可以好好賺一筆，在2010年7月的時候，澳幣理財產品的收益率一度曾達到了8.7%。所以，她於2010年8月分一口氣將40萬元投入到了該項澳幣理財產品中。

結果，令謝美琳女士感到非常意外的是，在她買入不久後，外匯市場的澳幣走勢便出現了大跌，到了2010年11月初，謝美琳女士收到銀行提前結束理財產品的通知，將澳幣換回。僅僅3個月的時間，跌幅幾乎達到了30%，謝美琳女士初始投資的40萬元換匯之後只剩下了28萬元，在這3個月的時間裡他的虧損超過25%。

謝美琳女士造成這樣的損失，首先在於她是個新手，對於外匯市場了解還不夠到位，在買到產品後沒有隨時關注市場的變化情況。同時，投資理財講究的是產品的多元化，而謝美琳女士之購買了單一的產品，而且投入也比較大。這些都是投資造成損失的原因。

倘若投資者對外匯市場了解的比較多，這樣就可以選擇與外匯搭配的產品；對貴金屬市場了解比較多的話就可以選擇與黃金搭配的產品。同時，當購買了外匯理財產品後，就需要多多關注國際金融市場的相關資訊，或者找相關方面的專業人士多進行諮詢，對市場上所推出的產品做出比較正確的分析判斷後再進行購買，這樣的可靠性就比較強一點了。

第四，注意贖回條件

一般而言，結構性外匯理財產品的期限都比較長，而且還有一些結構性外匯理財產品也不允許提前贖回；而且有的結構性外匯理財產品雖然可以進行提前贖回的操作，但是對提前贖回的時間也有

一定的限制，也就是只能在特定時間內進行，而且還需要支付贖回費用。此外，雖然一些結構性外匯理財產品有保本條款，但是它有前提條件，那就是產品必須到期，倘若投資者提前贖回，那就可能虧損本金。

第五，注意外匯理財期

對於有投資經驗的投資者來說，從長期投資的策略考慮，持有一定數量的外匯可以展現出其全球化投資的思路，而且這種做法也是分散匯率風險的途徑之一。但是，在貨幣升值的情況下，就會給投資者帶來不少的隱性成本，這就會造成投資者手中的外匯加快貶值速度，所以投資者就應該時時關注國際市場、盡量選擇短期的外匯理財品種，這才是比較保險的做法。投資者在選擇產品時需要主要的問題就是要兼顧投資期與收益率，選擇一些投資期相對較短而且收益率比較高的產品。

第六，提防掉入高收益陷阱

投資理財產品，就是為了獲取高收益，這是購買理財產品的動力。可是，投資者必須清楚不要一味追求高收益，否則就可能掉進產品宣傳過程中設下的陷阱。

在選擇外匯理財產品的時候，投資者應該對產品的收益率、期限、結構和風險度進行一個綜合的判斷，要仔細閱讀產品的說明書，將具體的產品結構、計息方式、利息稅計稅基礎、手續費、提前中止權、是否可以質押等幾個方面的問題弄清楚。

比如：同樣是 20% 的利息所得稅，如果計稅基礎不同，那麼投資者的最終收益也會出現差別；現在有些金融機構推出的外匯理財產品從表面上的收益率來看都有不小的吸引力，但是當投資者辦

 **外匯存底**

理具體業務的時候，需要繳納轉匯手續費，這就會讓產品的實際收益率降低；如果投資者有貨幣資金流動性方面需求的話，還應該考慮所投資的外匯理財產品能否可以辦理質押貨幣貸款等方面的問題。

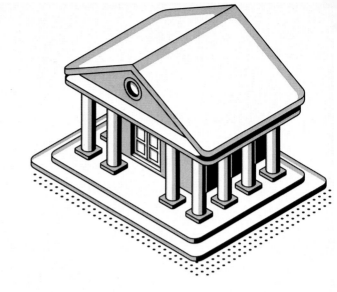

貨幣供應量

 **貨幣供應量**

貨幣的真正本質是什麼

只要具備交換媒介、價值尺度、延期支付標準或完全流動的財富儲藏手段等功能的商品都可以作為貨幣。在人類社會的發展過程中，商品交換發展到一定階段，貨幣便隨著商品交換應用而生。總體而言，貨幣的本質就是一般等價物。

對於貨幣本質的分析，有下面這些觀點可以幫助我們去了解：

第一，貨幣就是貴金屬，在財富最開始，貨幣就是普通的商品。

這種看法認為，貨幣必須具備實質價值，它們的價值是由其金屬價值決定的，貨幣的實體必須要以貴金屬構成。這種理論的源頭就是古希臘哲學家亞里斯多德的樸素金屬學說。在十六、七世紀的時候，曾經出現了一種重商主義思想理論體系，這種思想的早期特徵就是「重金主義」或「金屬主義」，該觀點認為，衡量一個國家真正財富的唯一東西就是金銀。

第二，貨幣是作為一般等價物的特殊商品。

這種觀點是馬克思提出的，他透過對貨幣起源問題進行了一系列的分析得出了這個結論，具體含義有兩點：

1. **貨幣具有商品的屬性。** 馬克思的觀點認為貨幣的前身就是普普通通的商品，而且貨幣是在人們的商品交換過程中逐漸形成的一般等價物。在馬克思的貨幣理論提出的時候，全球大多數國家普遍都用金鑄幣作為流通貨幣。因此，馬克思將黃金看作貨幣的最高等級，而黃金本身

就是價值十足的商品。根據這個結論，可以做出進一步的推論：在商品交換中充當貨幣的東西其實首先就是商品，他們和普通的商品一樣都具有價值和使用價值。如果沒有這種和普通商品的共通性，那麼貨幣就不具備和商品進行交換的基礎，也就不可能在市場流通。

2. **貨幣與普通商品有本質的區別**。總體而言貨幣就是一種商品，可是它又不是普通的商品，而是特殊商品。它有特殊性關鍵並不在價值方面，而在使用價值方面。當黃金被固定的充當一般等價物，被作為貨幣以後，它的使用價值就多樣了，也就是說它不但具備以其自然屬性所決定的特定的使用價值，比如可以用於裝飾、製作器皿等，同時還具有以其社會屬性所決定的一般的使用價值——充當一般等價物和交換手段。從這裡我們可以看出，當黃金以基本使用價值出現時，它其實就是普通商品，當它以多樣使用價值出現時，這才是貨幣。

綜上所述，貨幣作為一般等價物，這是商品交換賦予它的屬性，其實這與貨幣材料是否有價值和使用價值沒有關係。普通商品的意義就是透過交換來滿足人們生產或生活方面的各種需要，而貨幣的意義則是不同的，它在交換過程中充當的是表現一切商品價值的材料和交換手段，它是為商品交換服務的。這就是貨幣和普通商品的最大的區別。

不論採用什麼物品來充當貨幣，貨幣作為一般等價物的本性是不會改變的，否則就不是貨幣了。

 **貨幣供應量**

貨幣供應量的M指標體系

什麼是貨幣供應量？其實這是指全社會的貨幣存量，是全社會在某一時間點所承擔流通手段和支付手段的貨幣總額，這個總額主要包括機關團體、公司企業和城鄉居民所擁有的現金和金融機構的存款等各種金融資產。貨幣供應量是一個非常重要的經濟指數，它與我們的日常生活有著密切的聯繫。因為貨幣供應量的多與少、量與度對國民經濟的運行速度有很大的影響。

各國央行推行貨幣政策的最終目的是為了保持幣值的穩定，所以為了達到這樣的目標，央行的總體管制方向也就需要作出相對的調整。要從原來的總量管制和結構調整，並重轉向以總量操縱為主。所謂操縱總量，就是指央行要操縱整個銀行系統的貨幣供應量。要保持貨幣供應量的成長和經濟成長相適應，這樣才能促進國民經濟的持續、快速、健康發展。

究竟某一階段各個層次的貨幣供應量是否合理，就應該與當時的經濟成長幅度相聯繫，與貨幣流通速度相聯繫。一般情況下，要衡量貨幣的供應是否均衡，我們可以透過物價水準是否穩定來衡量，物價水準的基本穩定是衡量貨幣供應量的一個重要標誌。如果物價總指數變動較大，這就表明貨幣供需不均衡，如果物價總指數變動較小，這就表明貨幣供需處在平衡狀態。

所以，貨幣供應量的多與少、量與度，可以影響國民經濟的運行速度，可以決定我們手中貨幣的幣值。

中央銀行對貨幣供應量的管制

可能很多人並不明白中央銀行對貨幣供應量的管制這個概念的具體含義，事實上中央銀行對貨幣供應量的管制也稱為金融總體管制，這是指央行為控制貨幣供應量和其他總體金融變數而掌握的貨幣政策工具，並透過貨幣政策工具作用於貨幣政策仲介指標，然後再透過貨幣政策仲介指標達到其政策目標和各種重任的完整體系。

對於任何一個國家而言，不論他們採取何種社會制度和何種經濟管理體制，而且各國中央銀行管制力度和廣度也有一定的不同，但就各個國家所採用的管制體系都具有一個一般模式，具體可以分為直接型、間接型和混合型這三種類型。

第一，直接型管制模式

如果一個國家對總體經濟採取直接管理的體制時，那麼該國的中央銀行所進行的金融總體管制方式，就只能是運用指標管理和行政命令的管制形式來進行了，這時該國的中央銀行會透過強制性的指令性計畫和行政手段來直接控制現金流通量和銀行系統的貸款總量，用這樣的方法來達到貨幣政策的最終目標。在國際上，曾經使用這種方式的國家有前蘇聯、東歐的一些國家。

當今國際上的社會主義國家在推行經濟體制改革以前都採用過這種模式。從本質上說，這種模式和高度集中型經濟模式下，以實物管理為主的直接控制的經濟體制是相適應的。在這種體制中，中央銀行在一個國家的金融體系中始終處在主導地位，於是就造成各家專業銀行和其他非銀行的金融機構對中央銀行有很強的依附性。

所以，使用指令性計畫和行政手段來控制貨幣的供給量通常會

取得比較好的預期效果。之所以能取得較好的預期效果，就是因為當指令性計畫制定出來以後，中央銀行就會動用行政手段來強制執行。

只要中央銀行不突破自己先前的計畫，不增撥信貸資金，也不迫加貨幣發行的話，整個國家的貨幣供應量就不會突破預定的指標。只是，這種方式也有很大的弊端，尤其是隨著經濟體制由計畫型向市場型轉變中，這種直接型管制模式越來越不適應經濟的發展，它沒有充分維護廣大基層銀行的自主權和廣大職員的積極性；沒有充分發揮信貸、利率槓桿對經濟的有效調節作用；與此同時，還因為管理辦法不靈活，有時可能會造成經濟波動和決策失誤，當解決問題的時候又容易出現「一刀切」、「一管就死，一放就亂」等弊端。

第二，間接型管制模式

該模式在西方資本主義國家實行的比較早，從 1950 年代開始西方國家就開始採用這種模式。

間接型管制有這些方面的特點：它需要在發達的市場經濟體制下存在；必須有成熟的、具有較大規模的金融市場；當中央銀行在運用經濟手段進行總體管制的時候，也可以適當運用行政手段對經濟市場進行直接控制；可以較好尊重個體金融主體的自主權；能較好抑制經濟波動，保持經濟健康平穩運行。

第三，過渡型管制模式

過渡型管制模式就是指由直接型向間接型過渡的模式。這種經濟管理模式通常是發展中國家普遍採用的。這是因為對於發展中國

家來說，雖然擁有市場經濟體制，可是從國家的整體商品經濟發展水準低，金融市場不成熟，同時還存在財政、外匯等方式的赤字以及嚴重的通貨膨脹等問題，所以這些國家採用過渡型的管制模式就可以對經濟採取一些直接的控制手段。

投資必讀

不論國家的貨幣供應量處在什麼位置，進行國債投資對投資者而言是一項有較高保障度的項目。當然，國債投資具有很深奧的學問，要想完全掌握這方面的技巧還需要投資者知識面的拓展和經驗的累積。

投資者可以從自身資金的來源和用途方面進行考慮，選擇出適合自己的投資策略。也就是說，在決定投資策略的時候，投資者可以考慮自身整體資產和負債的狀況，以及未來現金流的狀況，從這些方面進行綜合考慮，做到收益性、安全性與流動性的最佳結合。通常情況下，國債投資有這些方面的技巧。

第一，當前透過購買持有的方式，是國債投資的一種最簡單的策略，其步驟是在對債券市場上所有的債券進行分析之後，然後根據自己的愛好和實際需求，購買可以滿足自己要求的債券，而且一直持有到到期兌付的時候。在持有的過程中，不進行任何買賣活動。

這種投資策略看上去很粗略，可是也有很多好處。

1. 可以帶來固定的收益。在投資決策的時候就完全知道，不受市場行情變化的影響。它可以完全規避價格風險，保證獲得一定的收益率。

2. 倘若持有的債券收益率較高，同時市場利率沒有很大的變動或逐漸降低，採用這樣的策略也能取得很滿意的投資效果。

3. 投資者需要付出的交易成本很低。由於中間沒有任何買進賣出行為，因而手續費很低，這對提高收益率來說是有利的。

這種投資策略對於那些市場規模較小、流動性比較差的國債比較適合，不熟悉市場或者不善於使用各種投資技巧的投資者就可以選擇這樣的策略。

在具體的實施過程中，投資者可以從以下方面多加注意。

首先，對於投資者而言，應該要根據資金的使用狀況做出具體的選擇，要選一個適當期限的債券。通常所選的債券期限越長，那麼它的收益率也就越高。當然也有一點就是期限越長的債券對投資資金鎖定的要求也就越高，所以投資者最好根據可投資資金的年限來進行選擇，從而讓國債的到期日和自己對資金的需求日期相近。

其次，究竟需要向債券上投資多少金額，這是由投資者的資金的數量來決定的。投資者就不應該利用借入資金去購買債券，同時也不應該保留剩餘資金，最好的做法就是將所有準備投資的資金投資於債券，採用這樣的做法就能保證獲得最大數額的固定收益。

但是，這種投資策略也有一定的不足之處。

首先，這種投資策略比較消極。當投資者購進債券後，就可以毫不關心市場行情所產生的各種變化，所以往往可以漠視市場上出現的投資機會，於是也就喪失了提高收益率的機會。

其次，這種投資策略雖然可以取得獲得固定的收益率，但是收

益率事實上只是理論上的，倘若產生了通貨膨脹，投資者的投資收益率就會出現變化，於是就可能讓這種投資策略的價值出現比較大的下降。尤其是當通貨膨脹比較嚴重的時候，該投資策略可能會讓投資者遭受比較大的損失。

最後，因為市場利率的整體上升，所以購買持有這種投資策略的收益率就可能會有所降低。目前這種情況在市場上還是常見的一種情況。因為低收益的債券不能及時賣出，轉而購買高收益率的債券，就會造成當市場利率出現上升時，這種策略會帶來損失。但無論如何，投資者也能得到原先約定的收益率。

第二，梯形投資法

這種方法又稱等期投資法，具體而言就是指每隔一段時間在國債發行市場認購一批相同期限的債券，每一段時間都是這樣，連續不斷。於是投資者在以後的每段時間都可以穩定的獲得一筆本息收入。

李國良先生在 2009 年 6 月購買了當年發行的 3 年期債券，接下來在 2010 年 3 月購買了本年度發行的 3 年期債券，在 2011 年 4 月購買了本年度年發行的 3 年期債券。

於是，到了在 2012 年 7 月，李國良先生就能收到 2009 年發行的 3 年期債券的本息和。而這時，李國良先生又可以購買 2012 年發行的 3 年期國債，於是，他所持有的 3 種債券的到期期限分別是 1 年、2 年和 3 年。如此滾動下去，李國良先生就每年都可以得到投資本息和，這樣就能進行再投資，也能滿足流動性需要。

只要李國良先生不停的用每年到期的債券的本息和購買新發行的 3 年期債券，這樣的話他的債券組合的結構就和原來保持相

一致。

　　總體上來說，梯形投資法具有這樣的優點：投資者在每年都能得到本金和利息，所以這樣就比較穩定，不至於產生很大的流動性問題，也不至於出現著急賣出還沒有到期的債券，於是就能保證收到約定的收益。而且當市場利率出現變化的時候，使用梯形投資法進行的投資組合的市場價值就比較穩定，不會發生很大的變化，所以國債組合的投資收益率也不會出現很大的變化。另外，因為此投資方法在一年中的交易只有一次，所以它的交易成本比較低。

　　第三，三角投資法

　　所謂三角投資法就是指利用國債投資期限不同所獲本息和也就不同的原理，讓連續時段內進行的投資具有相同的到期時間，於是就可以保證在到期時收到預定的本息。在實際中，這個本息和可能已被投資者計畫用於某種特定的消費。這種投資法和梯形投資法的區別在於，雖然投資者都是在連續時期（年分）內進行投資，但是這些在不同時期投資的債券到期期限是相同的，而不是債券的期限相同。

　　李鵬飛先生打算 2016 年出國旅遊，他決定投資國債，這樣是為了確保自己到時候能得到所需的資金。針對李鵬飛先生的具體情況，他可以採取這樣的投資策略：在 2010 年投資當年發行的 5 年期債券，然後在 2012 年購當年發行的 3 年期債券，到了 2013 年就可以購買當年發行的 2 年期債券。這幾種債券到期的時候都可以收到預定的本息和，而且到期的時間都是 2015 年，所以就可以保證投資者有足夠資金來實現自己的旅遊夢。

　　這樣的投資方法在不同時期進行的國債投資的期限是遞減的，

所以被稱做三角投資法。該投資法的優點是可以獲得較固定收益，
同時還能保證到期得到預期的資金，以用於特定的目的。對於投資
者而言是不錯的選擇。

 **貨幣供應量**

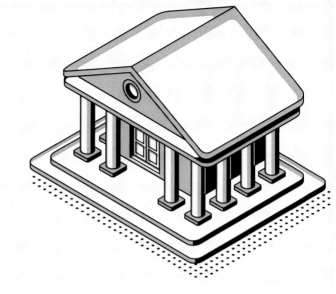

利率

 **利率**

利率的概念及如何解讀

利率是一個很常用的經濟學概念，也叫利息率。它是指一定時期內利息額同借貸資本總額的比率，也就是單位貨幣在單位時間內的利息水準。是借款人需向其所借金錢而支付的代價，也是放款人延遲其消費，借給借款人所獲得的回報。利率通常以一年期利息與本金的百分比計算。

在國際上，所有國家的總體管制政策中都離不開利率這個重要工具。一旦出現經濟過熱、通貨膨脹繼續上升的情況，國家便採取提高利率、收緊信貸的政策；當過熱的經濟和通貨膨脹得到控制時，國家就會把利率適當調低。

在經濟學中，利率是一個非常重要的指標，幾乎所有的金融現象、金融資產都和利率有著一定的聯繫。從目前的實際情況來看，世界各國都經常運用利率的槓桿來實施總體管制，所以在各國的總體管制中，利率政策所占的地位越來越重要。如果利率合理，這會對發揮社會信用和利率的經濟槓桿作用產生重要意義。

對利率的高低產生影響的因素主要是資本的供需關係。當然也有承諾交付貨幣的時間長度以及所承擔風險的程度。

在市場經濟發展過程中，不可能總是平穩運行，所以這就需要政府的總體管制。而政府則可以透過變動利率的辦法來間接調節市場供需關係。當遇上了經濟蕭條期，政府便開始降低利息率，擴大貨幣供應，這樣做是為了刺激經濟發展。當遇上了膨脹期，政府便提高利率，減少貨幣供應，這樣做是為了抑制經濟的惡性發展。所以，利率和我們的生活有著密切的聯繫。

上調利率對總體經濟有什麼影響

我們在日常生活中經常聽到央行上調貨幣基準利率這樣的消息，那麼究竟上調利率對經濟發展有什麼影響呢？

總體而言，上調利率可以讓經濟手段在資源分配和總體管制中的作用更加有效；同時也能防止企業過多占壓資金，緩解部分企業流動資金緊張的狀況，減少資金體外循環；而且還有利於經濟結構的優化調整，從而可以獲取更多的經濟效益，使國民經濟保持快速、健康、穩定的發展。

上調利率的對總體經濟的影響，具體而言有以下這些方面：

第一，對高房價有抑制作用。

當貸款利率上調之後，這樣就能基本上減少資金的需求。顯然是因為貸款的成本增加了，從而就能減少那些可貸可不貸的貸款，也能降低貸款投資的意願，達到減少投資需求目的。這就可以對某個行業的過度投資進行一定的調整，其實也就是對總體經濟進行了一定程度的微調，可以防止經濟過熱。上調貸款利率，保持存款利率不變，這樣也不會打擊一般消費，這種管制手段有利於防止消費支出產生負面影響。

第二，穩定物價，抑制通膨。

在國家進行總體管制的時候，上調利率就是一種非常重要的管制手段。這樣有利於穩定物價，抑制物價高幅運行。事實上，之所以會出現物價上漲，這與經濟過熱有一定的關係。從目前市場的實際情況來看，因為通貨膨脹的威脅存在，導致地行業投資過熱，使

得居民儲蓄下降，所以急需透過上調利率的措施來進行一定的調整。調息的主要目的是就是為了抑制通膨。糧食價格持續上漲，地價格強烈反彈，國際石油價格短期內也會上漲，這些情況都可能引起物價總水準的上揚，所以，國家必須透過調整利率來抑制通膨。

第三，有利於保持匯率的穩定。

當銀行提高了存款利率就會直接提升貨幣的收益，讓貨幣的市場吸引力更強。適時上調貸款利率，保持存款利率不變，這樣利於幣值匯率的穩定，也有利於國際收支順差的保持。

第四，房貸、車貸每月略增。

銀行上調利率，對利用貸款進行買房、買車的人們而言，這種做法會讓他們每月還款的負擔有所增加，不過幅度有限，不必過分擔心。通常情況下，房貸還款利率都是以年為公司進行調整的，年內的還款額一般都是不會調整的。提高利率，同時也會造成股市、匯市等市場的反應，這些也會將影響到人們的投資行為。一般而言，銀行上調利率，容易引起股市下調。不過，由於股市先前已有預期，所以上調利率的政策在股市的反應將不會太過度。因為能讓股市產生波動的主要因素還不是利率的問題。

第六，對儲蓄的影響。

儲蓄的多少必然會受到利率的影響。人們的儲蓄收益主要來自利息，倘若收入不變，當利率上升時，隨著儲蓄收益的增加，人們就傾向於將手頭的錢存入銀行。而如果收入不變，利率下調，人們當然也就會減少自己的存款數額。

從儲蓄結構上來看，存款、證券、長短期金融資產等不同種類

的利率會對儲蓄結構的分布產生重要影響，比如：當短期利率上升時，儲蓄中短期金融資產的比重就會增加。從儲蓄的形式上來看，人們採用什麼形式進行儲蓄也和利率有非常重要的關係。比如：當利率提高時，人們多採用存款儲蓄的形式；而當利率下降時，人們就可能採用持幣儲蓄或實物儲蓄等這些形式。

由此可見，利率的變動對調節儲蓄總量、儲蓄結構和形式都有很重要的作用。當然，利率對儲蓄的影響還需要作出具體分析，因為不同的人、不同的動機、不同用途的儲蓄對利率的反應也是不同的。比如：在儲蓄的構成中如果包含了太多預防性的儲蓄和太多中低收入者階層的儲蓄，那麼這些儲蓄對利率變動的反應是冷淡的。

投資必讀

日常投資理財的過程中，有很多人都覺得儲蓄是一種最穩健的理財方式，認為可能沒有什麼風險。儲蓄的風險和國家對利率的調整有著很密切的聯繫。任何投資都有一定的風險，當然儲蓄也不例外。

當然，和其他投資方式相比，儲蓄的風險沒有那麼大。儲蓄所產生的風險和其他的投資方式的風險是不同的，它展現在不能獲得預期的儲蓄利息收入上，以及由於通貨膨脹而引起儲蓄本金貶值上。具體有以下這些方面：

第一，無法獲得預期的利息收入

一般情況下，之所以不能獲得預期的儲蓄利息收入，主要的原因就是存款提前領取或逾期不取；儲蓄種類選擇的不正確也是其中的一個原因。

 **利率**

定期存款在存期內，不論國家將利率調高還是調低，存款的利率統一按照按存入日利率的標準計算利息；倘若要提前領取自己的存款，那麼利息將按領取日掛牌的活期存款利率進行支付。這也就是說，當我們將錢存到銀行以後，存款利率調高我們將會有損失，或者當定期存款還沒有到期，可是我們急需提前領取的時候，也會造成一定的利息損失。另外，當定期儲蓄過了期限而沒有取，除選擇自動轉存外，沒有領取的部分將按照領取日的活期儲蓄利率和相應天數計算，這樣一來利息縮水是非常嚴重的。

倘若所選擇的儲蓄種類不正確的話，也會導致存款利息減少。儲戶應該在選擇存款種類的時候根據自己的實際情況進行判斷和選擇。比如：有的儲戶可能會覺得選擇儲蓄組合比較複雜，為了省事他就直接選擇了將大量資金存入活期存款帳戶。雖然這樣領取方便，同時還能避免自己直接持卡消費。可是這只能在短期內為我們提供一定的便利，因為活期儲蓄的利率非常低，通常的年利率只有0.16%，所以從長期來看，這會造成大量的利息損失。

第二，由於通貨膨脹而引起儲蓄本金貶值

這樣的儲蓄風險一般在通貨膨脹比較嚴重的時期發生。通膨嚴重期，國家為了維護儲戶的利益，便會採取各種管制手段，從而讓存款利率大於等於物價上漲率。但是在現實中，國家統計局所公布的物價上漲率是的平均水準，而實際上各地物價上漲的幅度會有一定的差異，可能會低於或高於國家公布的平均物價上漲率。如果存款利率低於通貨膨脹率，就會出現負利率的現象。

比如：當時的通貨膨脹率為5%，而銀行存款利率也是5%，這樣的話儲戶的實際收益就為零；如果一個時期內，通貨膨脹率高

於銀行存款利率，這樣的話儲戶的實際收益就為負了。倘若此時沒有國家的保值貼補，儲戶的存款本金就會出現一定的損失。

那麼，怎樣才能最大限度的規避此類風險，使得利息收入最大化呢？

1. **學會分析當前的經濟形勢和發展趨勢**。通常，利率的調整和當前的經濟形勢聯繫非常密切，在日常生活中多關注一下媒體對經濟形勢的報導，這對利率的走勢情況有很大的說明。假設現在的利率比較高，媒體輿論對此也沒有什麼反響，於是政府在一段時間內再次調高利率的可能性就變得比較小了。出現了這樣的情況，我們就可以將自己存款的期限定得稍長一些；反之，就可以稍短一些。

2. **根據自己的實際選擇儲蓄種類**。存款的時候，選擇的種類不同、期限不同，利率也會有所不同。期限越長，利率越高。當然如果沒有考慮自己的實際而一味選擇長期，可能以後遇到急事需要提前領取，這樣就會造成一定利息損失。所以在選擇儲蓄種類時，需要準確預估款項的時間，盡量避免提前領取而造成損失。

   要學會比較不同投資專案的收益大小。即使遇到高收益的投資機會，也不要盲目提前領取定期存款，用來作其他投資。這時應該理智將繼續持有定期存款與取出存款用來作其他投資的收益情況做個比較，再決定選擇哪種投資方式，以免得不償失。

3. **如遇急事不得不提前領取時，也可以辦理部分提前領取**

的手續。這樣就可以讓未提取部分依然按照原存款單的存入日期、原利率、原到期日計算利息。此做法可以能基本上減少利息損失。

不要輕易將定期存款隨意取出。如果沒有很大把握的高收益投資機會，千萬不要輕易將已存入銀行一段時間的，尤其是存期已過半的定期存款取出。因為即使在物價飛速上漲、銀行存款利率低於物價上漲率而出現負利率的時候，銀行存款還將按照票面利率計算利息。如果在這個時候把錢取出來放在家裡，一點利息也沒有，損失更大。

4. **辦理存款單質借貸款**。除了部分提前領取外，定期存款還可以使用定期存款單做抵押，以此來辦理小額抵押貸款，也就是存款單質借貸款。這種貸款是指借款人以貸款銀行簽發的未到期的個人本外幣定期儲蓄存款單（也有銀行辦理與本行簽訂有保證承諾協定的其他金融機構開具的存款單的抵押貸款）作為質押，從貸款銀行獲取一訂金額的貸款，並按期歸還貸款本息的一種信用業務。

5. **要謹慎對待已到期存款**。在通膨時期，對於那些已經到期的定期存款，一定要根據存款的利息收益率、利率水準以及利率走勢等因素進行分析，再根據自身的實際情況進行選擇。年輕人尤其要考慮自身的工作性質，靈活掌握投資的時間、程度，以及對風險的承受能力等因素。

如果遇到當前利率水準較高，未來利率水準有可能下調的

情況時，可以選擇繼續轉存為定期，因為利息收入是按存入日的利率計算的，在利率水準較高、或利率可能下調的情況下，存入較長期限的定期存款意味著可獲得較高的利息收入。反之，如果遇到當前利率水準較低，未來利率水準有可能調高的情況時，可以將已到期的定期存款投資一些收益率較高的產品；或者將存款轉存為期限較短的儲蓄品種，以待更好的投資機會。

6. **考慮持有部分實物投資**。像地、黃金、收藏品這類實物投資有助於抵禦通貨膨脹的風險。紙幣有可能一夜之間貶值，但是實物性投資則會因為通膨而「水漲船高」。在通膨期間選擇實物投資是個不錯的選擇。

利率

法定準備金率

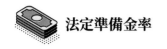 **法定準備金率**

為什麼要「法定」準備金率

準備金率又稱準備率，是國家實施總體管制過程中所使用的一個重要的貨幣政策。它是指中央銀行為保護存款人和商業銀行本身的安全，控制或影響商業銀行的信用擴張，以法律形式所規定的商業銀行及其他金融機構提取的存款準備金的最低比率。

各類商業銀行在吸收存款後，通常都會從中提取一定的比例用於準備金，然後將剩餘部分才用來放款。我們可以舉個例子，假如某國央行規定存款準備金率為 12%，這就是說商業銀行每吸收 100 萬元的存款，就必須向央行繳存 12 萬元的存款準備金，於是用來向企業發放貸款的錢就剩下了 88 萬元。如果把存款準備金率提高到 13%，那麼，商業銀行此時的可貸資金就剩下了 87 萬元。這種做法表面上看對商業銀行賺取更多的利潤有一定的阻礙作用，事實上，這對商業銀行是有利的。

目前，世界上絕大多數國家都對準備金與存款的比率做出了強制性的規定，要求這個比例不能低於一個具體的法定數額。這就是商業銀行準備金與存款的最低比例，那些超出的部分就是超額準備金率。

當初，中央銀行規定法定準備金率的目的是為了讓商業銀行的經營風險有所降低，同時也為了保護存款人的存款安全；後來隨著經濟市場的發展，這種規定法定準備金率的政策逐漸成了控制信用規模和貨幣供給的貨幣政策工具。

在面臨經濟高漲和通貨膨脹的時候，中央銀行為了控制信用的過度擴張就可以採取提高法定準備金率的措施。這樣做，一方面可

以減少商業銀行和其他金融機構用於貸款的資金，另一方面就會使商業銀行創造的貨幣減少，於是就會達到收縮銀根、減少貨幣供給、減少投資、抑制總需求，防止經濟過熱的目的；相反，在面臨經濟衰退和高失業的時候，中央銀行就可以採取降低法定準備金率的措施來增加貨幣供給、增加投資、刺激需求。

站在商業銀行的角度看，他們為了追求更多的利益，所以希望把更多的錢貸款給企業，這樣就能賺取豐厚的利潤，但站在保障金融穩定的角度來看，倘若銀行庫存現金較少，在遇到客戶提取大額資金或其他情況的時候，銀行就可能會出現支付困境。

所以，為了防止商業銀行過度放貸的情況出現，中央銀行要求商業銀行在吸收存款後，需要按規定繳存一定數額比例的準備金，繳存過後剩餘的部分才可用於放貸業務。這些準備金對緩解銀行承兌客戶的壓力和維護金融機構的信用體系有很好的保障作用。

上調準備金率對總體經濟的發展有什麼作用

上調準備金率是中央銀行一般性貨幣政策工具中非常具有影響力的貨幣政策，該政策對貨幣供給量會產生極強的影響力，所以被視為貨幣政策的一劑「猛藥」，一般是不輕易進行變動的。通常情況下，中央銀行在其一般性貨幣政策工具中更多的是運用公開市場業務操作手段，可是最近央行對法定存款準備金率的頻繁變動幾乎成了一種常態。這是什麼原因呢？具體有以這些方面：

第一，控制貸款規模

什麼是流動性過剩的問題？其實通俗的講，這就是資金比較充

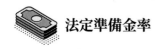

裕。而流動性是指金融資產不受損失的及時轉化成現實購買力的能力。從總體經濟層面上來講，人們通常會把流動性直接理解為不同統計口徑的貨幣供給總量，所以流動性過剩在總體經濟層面上的表現就是貨幣的供給量超過了經濟的成長，也就是貨幣發行過多，供過於求，金融機構的資金來源充沛。

第二，緩解物價上漲壓力，防止價格由結構性上漲演變為明顯通貨膨脹

CPI 出現了上漲，這是兩個方面的原因造成的。一方面是因為商品供不應求；另一方面是因為貨幣供應量成長過快。而經濟發展過程中要想讓經濟市場保持穩定，就需要央行透過提高法定存款準備金率的手段來減少貨幣供應量，從而防止物價的大幅上漲。

美國經濟受到次級房貸風暴的影響，所以出現了大幅衰退的跡象，聯準會為了應對經濟危機，採取了積極的貨幣政策，不斷降低利率的以此來刺激經濟，使其恢復成長。

總之，上調準備法定存款準備金率對減少商業銀行的經營風險、控制貸款增速，讓投資進入合理成長的軌道，防止出現經濟過熱現象。資料顯示，每當央行上調 0.5 個百分點的法定存款準備金率，就可以凍結回籠上千億的貨幣。這種措施總體經濟發展過程中很有力的。

投資必讀

國家下調法定存款準備金率表明未來降息的可能性比較大，倘若我們現在選擇一個期限較長，收益率較高的產品的話，就可以將絕對的投資收益固定下來。也就是說，一旦開始進入降息通道，還

是可以享受降息前的收益率。這尤其適合養老金、教育金的累積。

此外，如果投資者對流動性要求較高的話，就可以選擇銀行推出的滾動型理財產品，比如農行的安心快線。同時，貨幣基金是專門投向如國債、央行票據等短期有價證券等無風險的貨幣市場工具，它的安全性、流動性和穩定收益性都比較強，通常基金贖回兩三天，資金就可以到帳帳，所以這也是短期資金投資的一個好方法。

投資者可以用更多的資金來購買股票型、指數型基金，或者增加基金定期定額金額，以待隨時到來的多方爆發。

從銀行理財產品來看，保本保收益固定期限的理財產品將更進一步豐富，讓投資者有更多的選擇。而從貴金屬投資看，一般在春節前後都會迎來一個上漲行情，投資者可以用家庭資產 5% ～ 10% 左右去進行配置。當然，最為關鍵的就是徵求理財師的意見，適時調整家庭各項資產的組合，努力提高投資收益占家庭收入的比例，以最終實現財務自由。

總體來講，股市債市都會出現投資機會，理財產品也種類繁多，建議投資者積極跟進形勢變化，從股市、債市、銀行理財等多方面考慮，調整家庭投資組合。一般來說，合理的家庭理財結構需包含保障型產品、穩健型產品和激進型產品，將雞蛋放在不同的籃子裡來分攤風險，實現家庭資產的穩步升值。

具體而言可以根據所處的不同人生階段構築合適的投資組合

第一，年輕家庭。這類家庭收入一般，但有上升潛力，面臨結婚、生孩子等重大人生問題。可選擇一些可期待較高收益的投資組合。建議基金定投和銀行理財產品，基金定投是比較合適的投資方

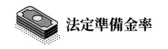

式,一方面是強制儲蓄;另一方面,積少成多,日積月累,可累積一筆不小的財富。集中投資產可選擇銀行理財產品。

李明軍先生去年剛結婚,夫妻倆都是國企的員工,明年5月孩子出生。目前他們的家庭收支情況是這樣的:目前沒有存款,他們的月收入總額是60000元,公司有健保和勞保,另外,他們每年年底還會有4萬到8萬獎金收入。目前有一間房子,目前市值300萬,房貸150萬,另有公司內部的無息貸款50萬。目前已經還3年,還有7年,因為屬於無息貸款所以也不需要提前還。在消費方面,他們的支出並不大,每月總支出不超過10000。

他們應該怎麼更好進行投資理財呢?

他們在5～10年內的投資理財目標主要有這些:還清房貸;對孩子的撫養和教育金問題;夫妻倆人的養老金問題。

針對他們的情況,具體的投資理財可以按照下面的方式去做:

李明軍夫妻二人均在上班,收入穩定。所以就可以考慮為他們二人分別購買醫療險,附加80萬元的意外險和住院補貼。預計年繳保費為20000元(從每年年底收入中拿出6萬預交夫妻二人的保費)。這樣就可以彌補勞保和健保的不足。

當孩子出生後他們的家庭支出就會增加,而且孩子小的時候小病可能會多些,所以可以為孩子上份保險。孩子小的時候保費通常都比較低,但是保額比較高,保費每年只需要幾百塊錢即可。

夫妻二人的養老金問題。李明軍先生可以每月再拿出8000元進行基金定投,以此當作自己的養老金。再拿出日常開支的3～6倍的資金作為應急使用。最後可以將餘下的資金按照6:4的比例投入到股票型基金和債券型基金中。因為夫妻二人還年輕,工作穩

定，承受能力強，所以可以在股票型基金的上投入的比例大些，隨著年齡的成長可以減少股票型基金的投資，而增加債券型的投資或者固定收益類的投資。

第二，中年家庭。他們收入穩定且較為豐厚，開始考慮孩子教育投資、自己的養老問題。投資一般占到家庭資產一個相當的比例，收入穩健家庭應提高日常現金的收益率，持有的投資資產應該多樣化，這樣有利於分散風險，比如可以嘗試債股組合、銀行理財產品以及黃金等投資領域，年收入的 30% 左右可增加配置股票或股票型基金類高風險高收益產品。

第三，老年家庭。步入老年，家庭收入已經明顯減少，投資策略轉為保守，為退休養老籌措資金。減少風險性投資，根據年齡成長逐步增加穩健型資產比例，50 歲後家庭資產的 50% 左右放在穩健型理財產品方面；股票、基金類等高風險的產品投資控制在家庭資產 10% 以下。

總之，投資者制定理財規劃之前，首先要確定自己的理財目標，要了解自己風險承受能力、家庭收入以及風險偏好，再選擇投資理財方式，透過不同的資產配置，實現家庭資產保值增值。

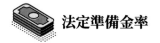 **法定準備金率**

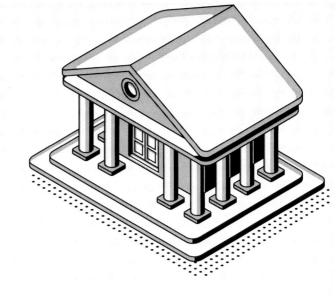

通貨膨脹（率）

 通貨膨脹（率）

通貨膨脹是怎麼產生的

我們先來了解下什麼是通貨膨脹？一般而言，通貨膨脹是指因紙幣發行量超過商品流通中實際需要的貨幣量而引起的紙幣貶值、物價上漲現象。

經濟學規律表明，紙幣發行量不能超過它所代表的金銀貨幣量，如果超過了這個量，紙幣就要貶值，物價就要上漲，就會出現通貨膨脹。只有在紙幣流通的情況下才會出現通貨膨脹，在金銀貨幣流通的情況下不會出現此種現象。

因為金銀貨幣本身具有價值，作為儲藏手段的職能，可以自發的調節流通中的貨幣量，使它同商品流通所需要的貨幣量相適應。而在紙幣流通的條件下，因為紙幣本身不具有價值，它只是代表金銀貨幣的符號，不能作為儲藏手段，因此，紙幣的發行量如果超過了商品流通所需要的數量，就會貶值。

舉例來說，如果商品流通中所需要的金銀貨幣量不變，而紙幣發行量超過了金銀貨幣量的一倍，公司紙幣就只能代表公司金銀貨幣價值量的 1/2，在這種情況下，如果用紙幣來計量物價，物價就上漲了一倍，這就是通常所說的貨幣貶值。此時，流通中的紙幣量比流通中所需要的金銀貨幣量增加了一倍，這就是通貨膨脹。

通貨膨脹的形成原因一般有以下幾種：

第一，需求拉動的通貨膨脹

需求拉動的通貨膨脹是指總需求過度成長所引起的通貨膨脹，按照美國經濟學家凱因斯的解釋，如果總需求上升到大於總供給的地步，此時，由於勞動和設備已經充分利用，因而要使產量再增加

已經不可能，過度的需求就可以引起物價水準的普遍上升。

第二，成本推進的通貨膨脹

成本推進的通貨膨脹也叫供給型通貨膨脹，是由廠商生產成本增加而引起的一般價格總水準的上漲，造成成本向上移動的原因大致有：薪資過度上漲；利潤過度增加；進口商品價格上漲。

1. 薪資推動的通貨膨脹

薪資推動的通貨膨脹是指薪資過度上漲所造成的成本增加而推動價格總水準上漲，薪資是生產成本的主要因素。薪資上漲使得生產成本成長，在既定的價格水準下，廠商願意並且能夠供給的數量減少，從而使得總供給減少。

一般來說，在完全競爭的勞動市場上，薪資率完全由勞動的供需均衡所決定，但是在現實經濟中，勞動市場往往是不完全的，工會組織等一些相關部門或機構的存在往往可以使薪資過度增加，如果薪資增加超過了勞動生產率的提高，則提高薪資就會導致成本增加，從而導致一般價格總水準上漲，而且這種通膨一旦開始，還會引起「薪資——物價螺旋式上升」，薪資物價互相推動，進而形成嚴重的通貨膨脹。

2. 利潤推動的通貨膨脹

利潤推動的通貨膨脹是指生產公司為獲取更大的利潤導致的一般價格總水準的上漲，也就是說，具有壟斷能力的工廠領導者可以透過提高產量的價格而獲得更高的利潤，他們可以減少生產數量而提高價格，以便獲得更多的利潤，這就可以解釋一些公司或集團都試圖成為壟斷者了。

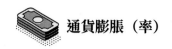

一般認為，利潤推進的通貨膨脹比薪資推進的通貨膨脹要弱。原因在於，廠商由於面臨著市場需求的制約，提高價格會受到自身要求最大利潤的限制，而工會推進貨幣薪資上漲則是越多越好。

3. 進口商品價格推動的通貨膨脹

如果一個國家或地區生產所需要的原材料主要依賴於進口，那麼，進口商品的價格上漲就會造成成本推進的通貨膨脹，如在 1970 年代的石油危機期間，石油價格急劇上漲，而以進口石油為原料的西方國家的生產成本也大幅度上升，從而引起通貨膨脹。

第三，需求和成本混合推動的通貨膨脹

事實上，造成通貨膨脹的原因不可能是單純或單一的某一種因素，因各種原因同時推進的價格水準上漲，就是供需混合推動的通貨膨脹。

我們可以假設通貨膨脹是由需求拉動開始的，即過度的需求增加導致價格總水準上漲，價格總水準的上漲又成為薪資上漲的理由，薪資上漲又形成成本推進的通貨膨脹。

第四，預期和通貨膨脹慣性

在實際中，一旦形成通貨膨脹，便會持續一段時期，這種現象被稱之為通貨膨脹慣性，對通貨膨脹慣性的一種解釋是人們會對通貨膨脹作出的相應預期。

預期是人們對未來經濟變數作出一種估計，預期往往會根據過去的通貨膨脹的經驗和對未來經濟形勢的判斷，作出對未來通貨膨脹走勢的判斷和估計，從而形成對通膨的預期。

預期對人們經濟行為有重要的影響，人們對通貨膨脹的預期會

導致通貨膨脹具有慣性，如人們預期的通膨率為 10%，在訂立有關合同時，廠商會要求價格上漲 10%，而工人與廠商簽訂合同中也會要求增加 10% 的薪資，這樣，在其他條件不變的情況下，每公司產品的成本會增加 10%，從而通貨膨脹率按 10% 持續下去，必然形成通貨膨脹慣性。

債務人是通貨膨脹的最大受益者嗎

通貨膨脹也就是錢不值錢了，對於債務人來說意味著未來還債的錢「少」了。所以選擇在通膨來臨之前進行借貸可謂是一種聰明的做法。但是這個理論的成立是有條件的，首先要保證利息不會很快上升；其次要提高個人收入；催債的壓力不大。

通膨時期，即使貨幣價值縮水，銀行也還會繼續往外借錢。這是因為銀行不同於個人，其作為公司性質的債權人及一定的權力享有，銀行就可以在通膨來臨時繼續往外借錢也不會導致其產生很大的損失，同樣的邏輯，不同的條件，導致的結果截然不同。

那未來的情況又會如何？除了統計數字，短期內社會實際平均收入提高的可能性不大，因為產能結構性過剩嚴重，製造業，農業效益普遍不好。如果真的經濟復甦，人們的收入開始提高，再配合上現在很大的流動性，必然導致 CPI 價格的上升，就會出現不斷加息。

所以，未來滿足「通膨有利於債務人」邏輯的三個前提條件不可能都具備。也就是說，債務人要想成為通貨膨脹的受益者是需要一定條件的，而如果想成為「最大」受益者，幾乎是不可能的（因

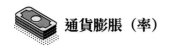

為，從基本上說，通膨的最大受益者是政府）。

通貨膨脹的利於弊

很多專家都認為：通貨膨脹在 5% 以內是可以接受的，只要其不是惡性的，對經濟還是有一定的正面作用。特別對於年輕人來說，機會很多；但對於中年以上的中產階層來說，通貨膨脹並非是好事。因為你辛苦賺到的幾百萬現金放在銀行面臨的風險非常大，應該對這些現金進行科學合理的投資理財，以降低通膨風險。

通貨膨脹還是一種變相的「徵稅」，通貨膨脹是貨幣價值的下降，是一種消耗稅，雖然，政府沒有直接向你徵收，但作用是相同的。巴菲特曾撰文指出：「通貨膨脹是一種稅。而且這種稅比我們的立法者所制定的任何稅種都更具毀滅性。通貨膨脹稅具有可怕的消耗資本的能力。」

1. 通膨在個體上對個人的影響

對一個依靠存摺上 5% 利息收入的人而言，無通膨情況下 100% 的所得稅和通膨時期 5% 的通貨膨脹率是一樣的。兩種情況都讓她沒有任何實際收入。她花的任何錢都是在花她的老本。儘管她會對個人所得稅非常抱怨，但 5% 的通貨膨脹率在經濟上就相當於 100% 的所得稅。央行加息 2.50% 的一年期定期存款，相較 3.6% 的年通膨率，這對於一個靠存款利息生活的人來說，相當於多少的所得稅？答案非常驚人，相當於 144% 的所得稅。

我們可以這樣來算一筆帳：一個今年 30 歲、每月消費 20000元、一年消費 24 萬元的居民，如果未來的消費水準僅僅和 5% 的

通膨持平，在 50 年後他 80 歲的時候年消費額在 5% 的通膨條件下，在這位居民 80 歲的時候年消費額應為 272 萬元，與現在的 24 萬元相當。

假設你現在失去工作，需要多少錢才可以維持原來的生活水準？在通膨率 5% 的條件下，每月 20000 元的前提下，50 年間總花費將達到 5276 萬。如果有 400 萬，即使以與通膨相同的 5% 的速度增值，也無法覆蓋月消費 20000 元，通膨率為 5% 的需求。只有存款 1200 萬，並以 5% 的速度增值，才剛剛可以覆蓋今後 50 年的養老需求。

我們理解了通膨的含義，就會知道養老金的缺口有多大。如果今天一位居民每月養老的基本花費為 8000 元，假設通膨率為 5%，那麼 20 年後 20212 元才相當於現在的 8000 元的購買力，30 年後更需要 32936 元才能滿足每月的養老費用；而 20 年後和 30 年後的 8000 元，購買力分別僅相當於現在的 3164 元、1944 元。所以居民不儲蓄自己的養老錢，將來單單依賴你的退休金是無法生活的。

如果我們的父母沒有儲蓄，作為女子的我們就要為父母支付養老費用。這裡我們想說的是，我們將來面臨的困難肯定比現階段的老人們更困難。因此，個人投資理財日趨變得重要。

2. 通膨在總體上的影響

(1) 對經濟成長的影響

・促進論：認為通貨膨脹可以促進經濟成長

這一理論可闡述為：政府可以透過向中央銀行借款擴大財政投

資，並採取措施保證私人部門的投資不減少，則會因總投資的增加而促進經濟成長；在通貨膨脹的情況下，產品價格的上漲速度一般總是快於名義薪資的提高速度，因此企業利潤會增加，又會促進企業擴大投資，促進經濟成長；通貨膨脹是一種有利於富裕階層的收入再分配，富裕階層的邊際儲蓄傾向比較高，因此，通貨膨脹會透過提高儲蓄率促進經濟成長。

‧促退論：認為通貨膨脹與經濟成長負相關，不僅不會促進經濟成長，還會損害經濟的發展。

具體可表述為：較長期的通貨膨脹會增加生產性投資的風險和經營成本，導致生產性投資下降；通貨膨脹會降低投資成本，誘發過度的投資需求，從而迫使金融機構加強信貸配額，降低金融體系的效率；持續的通貨膨脹最終可能迫使政府採用全面的價格管制措施，降低競爭性和經濟活力。

‧中性論：認為人們對通貨膨脹的預期最終會中和它對經濟的各種效應，正負效應會相互抵消。

（2）通貨膨脹對就業的影響

通貨膨脹和失業在短期記憶體在交替關係，而在長期中，通貨膨脹對失業基本沒有影響。

（3）通貨膨脹對收入和財富再分配的影響

‧固定收入者損失，浮動收入者得到。

‧債務人得利，債權人損失。

‧實際財富持有者得利，貨幣財富持有者受損。

‧國家得到，居民受損。

投資必讀

對投資者來說通膨是一種威脅，尤其是持有大量名義資產（如固定收益債券）的話，因為生活成本提高，至少從名義上來說，固定收益投資的價值將下跌，投資者的長期投資目標就可能達不到。因此，擔心物價加速上漲的投資者應該及早考慮並採取措施，保護自己的資產和收益不受通膨侵蝕。

一般來說，投資者應對通膨無須完全改變投資策略，而是可以透過現有投資組合的多元化，加入抗通膨資產來實現。

多種資產類型都可用來防範通膨風險，重要的是，要視個人情況來確定投資組合防範通膨的程度。當然，抵禦通膨並不是免費的。但是在物價意外走高的情況下，更加注重實際價值的多元化投資組合有助於防止購買力下降。

投資專家指出，大宗商品可以降低投資組合的波動性。摩根資產管理的資料顯示，如果在 60% 股票和 40% 基金的投資組合中加入 5% 的一籃子大宗基金頭寸，投資組合的價格波動將減少 0.1 個百分點，而回報則會增加 0.1 個百分點。

投資專家建議投資者：「你要做的不光是將大宗商品投資多元化，同時還要將自己的整體投資多元化。」

第一，黃金是抗通膨的最佳利器

「貨幣並非天然是黃金，但黃金天然是貨幣」，馬克思的一句名言道出了黃金的貨幣地位。作為唯一的非信用貨幣，黃金自身就有非常高的價值。在通膨時代，紙幣會貶值，而黃金卻不會，這也使得黃金成為了抗通膨的最重要資產。

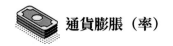 **通貨膨脹（率）**

　　黃金抵制通膨是有數據可依的。有政府權威機構資料顯示，從 2001 到 2011 年 11 年間，金價的總體上漲幅度遠超於 CPI 的上漲幅度。全球範圍來看，從 1960 年至 2011 年，50 年的時間裡，黃金價格的漲幅不僅遠高於同期美國 CPI 的漲幅，而且也高於同期銅、鋁及原材料的上漲幅度。

　　專家指出，應對通膨的最好辦法便是把現金變為實物黃金。隨著黃金投資的推廣，越來越多的銀行開始推出個人實物黃金的業務，以幫助老百姓借黃金理財實現家庭財富增值的夢想。

第二，股市中的抗通膨板塊

　　股市投資者眾多，對這一部分人群必然要提及。

　　一般而言，溫和的通膨有利於股市的走勢，而惡性的通膨則對股市的發展有極為負面的效果。如果通膨仍處於可控的範圍內，A 股的抗通膨板塊仍將存在較為確定的交易性機會。

1.　通膨時，幾乎所有的資源品都在上漲。此時我們可以強烈關注資源類個股。資源股的投資價值可以從兩個方面展現出來：一是稀缺性。無論是石油、煤炭、貴金屬還是天然氣，都是不可再生資源，用一點就少一點，也就意味著稀缺程度增加一點。稀缺程度越高，漲價的可能性就越大；二是依賴性。由於成品油主要依靠進口，因此，成品油價格主要視國際油價而動，同時，還要觀察美元的走勢，油價上漲是大機率事件，國家連續上調成品油價已是不爭的事實。在這種背景下，尤其是小盤能源類股票、煤電、化工產品，以及作為替代能源的新能源類上市公司容易受到資金青睞。

2. 黃金是無可置疑的抗通膨利器，而與黃金板塊連動的其他有色金屬股也成為市場中的勇者。歷史資料顯示，通膨上升階段有色金屬行業的利潤往往會出現顯著上升。

3. 大宗商品中農產品價格的上漲也是值得關注的。通常而言，農產品價格與通膨率密切相關，在通膨壓力不斷上升的情況下，農產品價格上升的預期將更加明朗，這就為生產農產品的上市公司帶來利好。對於農業板塊的機會，投資者可從以下兩大方面去把握：

(1) 可以從產業鏈議價能力角度去把握。從產業鏈的角度來看，產品價格上升的過程中，每個產業環節的漲價能力、成本轉移能力都不同。通常而言，行業集中度、行業技術、資金壁壘等指標，是分析產業環節議價能力的常用指標。

(2) 可重點關注具有減產、低庫存的農業品種。

4. 在通膨背景下，資源類產品的價格上漲會向日常消費品傳導。從實際情況來看，目前食用油、奶粉、白酒、維生素等消費品漲價的消息不斷出現。大消費類上市公司股票中最受資金關注的要數白酒類上市公司。醫藥無疑也是消費品中抗通膨較好的品種。

第三，紅酒、藝術品及另類基金投資異軍突起

另類投資在國外一直都是私人銀行部門為其高端客戶提供的一項重要的理財服務，而且金融和藝術、紅酒、對沖基金的聯姻早已屢見不鮮。國際上知名的私人銀行均在另類理財等領域提供相應服務，比如對沖基金、股權投資基金、葡萄酒基金、船舶基金、上市

 **通貨膨脹（率）**

殼公司基金、房地產投資基金、氣候投資基金等等。

　　隨著另類投資門檻變低、透明度變高，中端投資者也可以參與其中。加上另類投資基金的拓展，參與另類投資有了新的路徑，使得近年來另類投資市場欣欣向榮。另類投資正綻放出別樣風采。有別於股票、基金、地等傳統的投資產品，紅酒、藝術品、奢侈品、鑽石、錢幣、郵票等另類投資產品展現出強大的投資吸引力。

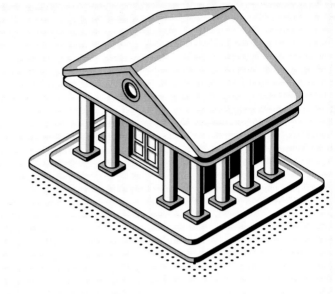

通貨緊縮

通貨緊縮形成的原因

出現通貨緊縮，有直接原因和深層原因兩個方面。直接原因是商品供需總量與供需結構出現了嚴重失衡，也就是商品供給大於需求，供給的結構不適應需求的結構，從而導致潛在的社會總需求和社會總供給的結構錯位較大，於是便有大量的潛在產品供給得不到實現而變成無效供給，造成商品價格水準在較長的時期內都處於低位徘徊的情況。

職員市場化的退出機制主要有轉產、兼併重組和破產引起的企業消亡（也就是存量資源的再配置）。對企業實行兼併重組，可以實現企業的規模效益，也可以對企業的產業結構進行調整，讓企業的管理水準及擴大市場範圍等因素向好的方面發展。

對於一家企業而言，國家的破產機制健全，那麼就可以減少企業資產的有形和無形損耗，讓資源實現合理配置，發揮出資源優勢所具有的積極作用。同時企業產權的不可轉讓性對企業的兼併重組形成了一定的障礙。

雖然經濟的各個企業之間可能有某種交換，但並不是真正意義上的交換，因為在這個過程中沒有發生所有權轉移的情況，比如國家可以讓一個盈利的國有企業去「兼併」另一家虧損的國有企業，這種形式看似為「兼併」，其實並不是市場交換意義上的「兼併」，從本質上來看只能說是國有企業間的組織合併。在這種情況下，相當多的企業出現了生產能力過剩的問題，可是面臨設備閒置嚴重而又無法轉產的情況，於是就形成了大量資產的有形損失行和無形損失，讓整個社會資源效用水準降低。

　　盈利的國有企業「兼併」虧損企業，這會給盈利的國有企業造成巨大的經濟損失甚至讓盈利企業被拖成虧損企業，還是無法讓社會資源得到優化，也讓整體經濟的運行品質出現了了下降。嚴重虧損的企業吞噬了盈利企業的利潤，讓企業的目標產生偏離，於是就會造成大量非經營性資產和高資產負債率，甚至讓企業長期停產，而長期拖欠的債務會讓國有銀行形成巨額呆帳、壞帳，給社會信用體系造成危機，同時也削弱了企業的投資欲望，讓企業進一步陷入壓縮生產的困境，於是造成離職職員人數增多，引起社會不穩定因素，引起企業投資需求與居民消費傾向下降，讓通貨緊縮進一步加深。

　　當前情況下，產業結構具有這樣的特點：產業發展不均衡，農業基礎薄弱、基礎產業、基礎設施發展滯後、重工業、加工製造業出現了嚴重過剩，新高科技產業和資訊產業的發展不足。從人們的消費需求角度看，隨著住房、醫療、養老保險等制度的改革，原來由政府和企業提供的福利性支出，現在改為由個人全部或部分承擔，同時再加上國有企業的改革繼續深化，離職的職員也逐漸增多，這些情況讓人們對未來的預期看淡，居民消費的傾向和邊際消費也開始大幅下降，預防性需求開始大大增加，造成大量的潛在需求被擱置。

　　而且市場潛力巨大的農村市場往往被很多企業忽視，所以造成農村的需求和供給嚴重不足。

　　所以，在社會商品的供給總量和供給結構的雙重失衡情況下，商品的需求成長速度小於供給成長速度，於是就造成了整個社會供過於求，而需求市場又日益萎縮，於是通貨緊縮就會出現。

第三，投資需求與投融資制度之間的矛盾。

在市場經濟這個大環境之下，資金往往和投資預期的趨勢是吻合的，如果企業效益好，預期收益高，這樣還款就比較容易，當然也就易於得到銀行的貸款，企業也願意擴大投資；相反，如果企業的預期報酬低，風險高，那麼企業就難於得到投資，這樣的話他們的資金需求也就較為謹慎。

但是從實際情況來看，國有金融機構的信貸投放在所有制的性質上存在一定的歧視，比如即使是國有部門預期收益低，競爭力不斷衰退，可是國有信貸機構依然給其借大量的資金，而一些非國有企業前景良好，預期收益高，可是得不到資金支持。

在這種情況下，一方面會讓國有部門不以市場準則看待資金的價格，而進行大規模的吸納資金、大規模的擴大投資；另一方面銀行也不斷向無效和競爭力弱的國有企業進行大量放貸，置效率、預期回報、競爭力、資產負債於不顧，這就會造成銀行產生巨額不良資產和高比例的壞帳、呆帳。這時銀行為控制風險就會減少貸款。

這也就是經濟學上所說的銀行信貸收縮，該行為會讓企業的周轉資金緊張，於是企業就只能減少固定資產的投資，這對於眾多依靠投資的擴張來增加生產的企業，是非常重大的打擊，而另一些效益欠佳但急需資金來調整結構和更新技術，支援自己走出困境的企業更是趨於萎縮。可是商業銀行的部分資金卻找不到收益高、還款有保證的貸款對象，於是就成了閒置資金。因為這些儲蓄存款沒有轉化為投資，從而造成需求不足，人均購買力增速也出現了下降。這種情況的發生是企業制度缺陷和融資約束之間矛盾的結果，它讓大量資金退出了商品和服務的生產、交易循環，從而造成了通貨

緊縮。

應對通貨緊縮的主要措施

在經濟運行的過程中如果出現了通貨緊縮，物價就會持續下跌，這樣就會造成投資者對市場預期看淡，從而讓整個市場經營更加困難，而且民間投資亦不願大幅增加，所以就可能會導致經濟大面積衰退。為了避免這種情況的出現，國家就必須制定一系列應對通貨緊縮的措施，通常主要有以下幾個方面：

第一，應急措施：實施擴張的財政政策和寬鬆的貨幣政策。

具體可以從三個方面進行實施：

1. **要阻止商品供需失衡狀態的進一步擴大**。為此，國家要擴大財政支出，具體而言就是透過增加國家預算和增加國債發行來擴大投資，透過投資擴大來增加對投資品的購買，從而可以達到刺激需求，增加就業和居民收入的目的，同時也可以穩定居民收入，穩定居民消費傾向，刺激民間投資需求的成長。

進行投資的時候，應該將自己的投資重點放在基礎設施投資方面，從實際情況來看，能源運輸、水利建設等基礎產業和基礎設施的發展都比較落後，可以適當進行大規模的投資，在投資的過程中需要注意的是要避免重複建設。

2. **加快費稅費改革，規範企業稅負，讓企業的稅務負擔減輕，加大退稅的力度，促進出口**。建立起符合市場經濟和慣例的企業稅收制度，這樣做不僅對政府職能的行使和體制內企業的業績評價有利，同時也有利於建立不同所有者企業的公平競爭環境。

3. **實施適度寬鬆的貨幣政策**。具體而言可以這樣做：應該穩定當前存款貸款的水準，繼續利用目前的低利息率促進居民進行消費，刺激投資，減輕企業的負擔；同時也要加快國有銀行轉向商業化的改革，從而讓商業銀行成為自主經營、自負盈虧的經濟實體，擺脫行政對銀行經營的干預，這樣就可以真正實現銀行投資資金與效率的搭配；還需要注意的就是要積極支援非國有機構探索為中小企業進行服務的新途徑。放寬商業銀行貸款利率的浮動範圍，增強金融機構參與經濟活動的能力，及時調整金融監管的方針，讓防範金融風險和加大對中小企業放款的制度相結合，解決銀行的惜貸問題。

第二，根本措施：加快制度創新，優化產業結構、培植經濟新成長點。

要真正讓經濟走出低谷，出現回升和復甦，，必須從根本上著手解決問題：應該推行制度創新、產業結構調整，消除投資、需求和供給這三方面的矛盾，擴大有效需求。具體可以這樣做：

1. **總體層次的國有經濟布局調整**。在進行國有經濟的布局策略調整時，應該遵循社會主義市場經濟的要求，從國有經濟在社會主義市場經濟中的功能出發，給國有經濟做出一個正確的定位，讓它在社會主義市場經濟中發揮出自己巨大的作用，只有對國有經濟的布局進行了策略性的調整，才能讓國有經濟從根本上走出困境，讓社會主義市場經濟更加有效運行。

為此，應將政府投資和社會投資的方向實現分離和互補，讓國有經濟只在關係國民經濟的重要行業和關鍵領域中占支配地位，國有經濟所涉及的方面主要有國家安全領域，壟斷行業，提供重要公

共產品服務的行業,在這些領域中國有經濟應該發揮出主導作用。要讓國有經濟從盈利性、競爭性部門撤離出來,從而就能減少政府的風險,還可以引導民間投資進入這些領域。

2. **產權制度改革**。在國有企業在推行改革的過程中,必須改革企業的產權,把國有企業抽象的產權經過改革後具體化為明確的出資人,可以把除少數公共品屬性的國有制企業外的其他國有制企業的產權轉化為集體所有或私有產權,之所以這樣做,是因為該方法可以將企業的責任落實到個人,從而將企業利益與所有者利益搭配,以個人財富、任職的薪酬、股份期權擔保,與所有者分離一定比例的資產剩餘索取權。透過這樣的方法,可以增強經營者與所有者的利益效用目標的一致性,從而讓企業成為真正追求所有者財富和企業價值最大化的經濟組織,從而讓企業真正實現生產、投資的市場化,消除政府行政行為對生產經營的過度干預。

3. **產業結構調整**。因為存在產業結構的不合理性,所以企業便無法以市場為導向,這樣就不能生產出適銷對路產品,也會讓企業在市場中逐漸失去競爭力,同時還會產生產能過剩的問題。所以一方面要運用市場這隻「無形的手」 進行資源的最佳化分配,從產量和生產能力兩方面減少過剩供給,讓當前的供過於求的失衡狀況逐漸得到緩解。

為此,可以對一些低水準重複建設嚴重,生產能力過低的非技術密集型產業進行大力調整,以便縮小無效供給,達到供需平衡,為緩和通貨緊縮奠定基礎。同時還要注意加強第一產業,提高第二產業的品質和競爭力,並擴大第三產業的規模,提高第三產業的品質,推動產業結構重組。

另一方面，要從技術方面入手，加大技術改造力度，提高產品的科技含量，培植新的主導產業和新的經濟成長點。在進行了結構改造之後，就可以透過技術進步，創新能力和效率的提升這些方面來改變重工業、加工製造業目前所面臨的產能嚴重過剩問題、。

新技術的發明和應用可以讓經濟成為新的結構狀態下擴大成長的源泉。透過創新來培植新的主導產業和新的成長點，從而就能產生出很多新的投資機會，於是生產規模和就業規模也會隨之擴大，這樣便會漸漸的出現經濟回升，從而保證經濟持續有效成長。

站在市場角度來看，現在市場上很多供過於求的消費品幾乎都是老產品，這些產品無論是在品質還是使用價值上已經遠遠不能滿足消費者更高層次的需求了，所以就無法激發消費者購買欲，而透過提高技術後，保證產品適銷對路，保證產品滿足消費者的有效需求，於是必然會讓消費者的購買熱情出現高漲，在這種情況下就促進了需求的擴張，讓經濟重現活力，轉入回升和復甦的狀態。

第三，長期措施：增加城鄉居民收入、完善社會保障制度。

要促進消費的發展，就要先提高居民的收入，收入增加了才有消費的資本。所以提高居民收入尤其是中低收入階層的收入水準，讓各個社會階層的收入差距逐漸縮小，大力推進西部大開發策略，不斷縮小東西部地區的經濟差距，讓西部居民的生活水準得到提高，改變該地區居民普通存在的消費不足的現狀，讓全社會平均消費傾向得到整體提高，於是就真正提高了居民的消費水準。

另外，應該強化對高收入階層的稅收管理制度，同時應該儘早頒布遺產稅的徵稅方案，可以將增加的稅收透過轉移支付手段補貼給低收入的離職職員、離退休人員，讓他們的消費能力有所增強。

完善包括養老、醫療、失業等社會保障體系。還應該擴大消費信貸，刺激消費需求。要以市場為導向組織農產品的生產，讓農民的收入水準得到提高。加快城鎮化的步伐，大力發展第三產業，並建立農村社會保障體系，培育和開拓廣大的農村市場。對於鄉鎮企業進行大力支出，促進他們進行制度創新，提高經營水準，大力推進小城鎮的建設，促進農村、農業、加工業、商業、運輸業、服務業等行業共同發展，從而創造出更多的就業機會。

投資必讀

黃金投資相對於其他的理財產品而言，具有較強的保值增值能力。所以，在通貨緊縮時期，投資者可以進行適量的黃金投資。

要進行黃金投資，需要遵循以下幾個方面的基本原則。

第一，投資比例不宜過高

投資黃金，就必須知道影響黃金價格的各方面因素，以便自己能在投資的時候適當控制投資比例，規避風險。黃金價格是以美元來定價的，所以它和美元的市場趨勢有著非常密切的聯繫，美元出現一定程度的上漲，黃金就會隨著上漲；美元下跌，黃金也會出現相應的下跌。所以美元走勢是判斷黃金走勢的主要因素。

當然，除了影響黃金價格的各種基礎因素外，投機性需求也是影響黃金價格的重要衝擊因素。市場上總有一些投機者利用黃金市場上的金價波動而人為的製造黃金需求假象，所以這就要求投資者進行仔細辨別。

對於黃金投資者而言，要規避風險就要控制投資比例。作為多樣化投資組合中的一部分，黃金所占的比例不宜過高，占投資資金

的 10% 比較適宜。

第二，選對品種，適度投資

在進行黃金投資的時候，選擇適合自己的品種是非常重要的。當前，市面上有多種黃金產品，我們在投資之前必須有一定的了解。

1. **投資性金條金塊**。這種產品的優點是加工費用很少，附加支出不高（主要是佣金等），變現性非常好，方便買賣；缺點是占用現金較多，保管麻煩。

   適合對象：有較多閒置資金的可長期投資者；不在乎金價短期波動者；偏好傳統黃金投資產品者。

2. **純金幣**。投資純金幣要注意金幣上是否鑄有面額。通常情況下，有面額的純金幣價值高。投資純金幣的優點是選擇餘地大，變現性好；缺點是保管難度比金條金塊還大。

   適合對象：投資資金可靈活控制者。

3. **金銀紀念幣**。金銀紀念幣是錢幣愛好者的重點投資品種。其優點是選料精、工藝設計水準高、發行量小；缺點是在二級市場上的溢價一般都很高。

   適合對象：更看重金幣收藏價值者和對金銀紀念幣行情了解者。

4. **紙黃金**。也稱「記帳黃金」，是一種帳面上的虛擬黃金，一般不能提取實物黃金，也不用繳納稅金。其優點是操作簡便快捷、資金利用率高、手續費低、不用保

管，是投資炒金的主要形式；缺點是短線炒作難度大。

適合對象：有時間研究黃金行情走勢者、有時間進行具體操作者及希望透過黃金價格頻繁變化獲取差價者。

第三，嚴格資金管理

不管盈利還是虧損，投資者的入場資金永遠要保持在操作帳戶的 20% 以下。投資者可以追加入場的資金，但前提是前面的單子有了一定的盈利之後。這種情況下，總的入場資金仍然不能超過帳戶資金的 20%。

第四，不要誤認為黃金投資就是購買黃金首飾

說起黃金投資，很多投資者最先想到的是購買金飾品。但是，從純投資角度而言，金飾品不適合做黃金投資。因為金首飾的主要功能是裝飾，而非保值升值，難以實現黃金投資價值的取向。

金飾品購買時由於加工費用、工藝費用比較高，以及企業本身的利潤需求，使得價格相對於金原料而言的溢價較高，其溢價幅度一般都會超過 20%。此外，金飾品要變現又將面臨很高的折價，折價的幅度常常會超過 30%。

第五，不一定紀念金條的投資價值就會高於普通金條

當前我們通稱的黃金投資主要是指實金投資和紙黃金。其中，實金投資是指買賣金條、金幣等，有時也僅是記帳，並不提取實物。紙黃金則以帳面記錄為主，通常並不和實物打交道。

金幣分為兩類：一類是由收藏者以高於金幣黃金含量價值以上很多的價格來購買的金幣；另一類是指黃金投資者以略高於金幣黃金含量價值以上的價格來進行買賣的金幣，稱為普通金幣。金條類

似於金幣,主要分為收藏的紀念金條和普通金條。在金條投資中,很多投資者也存在紀念金條投資價值大於普通金條的盲點。

普通金條有一定的規格和成色。例如:目前黃金交易所交易的金條有 50 克、100 克、1 公斤、3 公斤和 12.5 公斤,成色為 99.99% 和 99.95% 兩種。紀念金條往往是一定時間裡因為一定的題材而發行。這種金條數量有限,有一定的收藏價值。一般同樣會以高於其金原料價值以上較高的價格來發行,其價格一般是固定的。

紀念金條在發行時往往存在 7% 以上的溢價,再加上代理金商的利潤,溢價會在 10% 以上,甚至某些紀念金條價格與金首飾價格差別不大,溢價非常高。

目前紀念金條沒有固定回購管道,投資者要變現,通常只有直接賣回給金商,但金商卻把號稱極具收藏價值的紀念金條當成普通金原料價格進行回收,再扣除相應的檢驗費用等,所以普通投資者要想透過投資紀念性金條在中短期獲得較好收益是比較難的。

真正作為投資性的金條應當是透過交易所、銀行、經紀人等出售的按照規定標準製作的金條,其價格和交易所金價直接搭配,只收取少量的手續費,而且有適當的回購措施,購買者容易變現。

第六,影響因素

影響黃金的價格很多,如美元價格、原油價格、其他商品價格、國際政治形勢、歐美主要國家的利率和貨幣政策、黃金儲備的增減、開採成本的升降、現貨市場用金的增減等。這些都會對金價產生影響。由於最低點可遇而不可求,建議投資者在黃金價格相對平穩或走低時再買進。此外,在進行黃金買賣時,不應片面看重短

期金價而忽略金價是處於「熊市」還是「牛市」的趨勢。

第七，快進快出

作為非專業的普通投資者，想要透過快進快出的方法來炒金獲利，可能會以失望告終。這首先是因為投資黃金需要具備相當的分析能力；其次是與股票、外匯等相比，金價變化較為溫和，很少有大起大落的情形。

 **通貨緊縮**

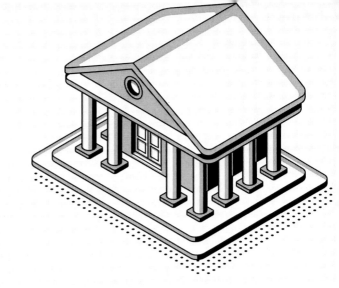

居民消費價格指數（CPI）

居民消費價格指數（CPI）

CPI 到底是什麼

消費者物價指數的英文全稱是 Consumer Price Index，它是對一個固定的消費品籃子價格的衡量，它所反映的主要就是消費者支付商品和勞務的價格變化情況，同時，消費者物價指數也是一種度量通貨膨脹水準的工具，通常用百分比來表示。

CPI 對市場情況反映往往具有滯後性，因為通常是以月為單位進行資料分析，CPI 資料的發布都是這個月發布上月的資料。雖然它具有一定的滯後性，可往往是市場經濟活動和政府貨幣政策的一個重要參考指標。

不過，從目前的現實情況來看，CPI 變化和西方有所不同。西方發達國家認為「CPI 有一定的權威性，市場的經濟活動會根據 CPI 的變化來調整」。從近幾年來的實際表現來看，歐美國家的 GDP 成長一直保持在 2% 左右，而且 CPI 也同樣在 0% ～ 3% 的範圍內變化。CPI 物價指數指標是一個非常重要的經濟指標，我們必須慎重的把握。因為有時國家公布 CPI 指標在某個月出現了上升，而這個指標也可以影響到貨幣匯率，使匯率有時保持好的趨勢，有時也會出現不利的情況。這是為什麼呢？

其實是因為 CPI 不但表明了消費者的購買能力，同時還反映了經濟的景氣狀況，倘若該指數下跌，這就說明經濟基本上出現了衰退，所以必然會對貨幣匯率走勢不利。那麼，是不是 CPI 指數上升就意味著對匯率一定有利呢？

這也不一定，出現了上升，那就要看具體的「升幅」究竟如何。倘若升幅較小就表明經濟穩定向上，這對貨幣有利，而如果升

幅過大的話，這就會產生一些不良影響。原因是這樣的，物價指數和貨幣的購買能力是成反比的，也就是說物價越貴，貨幣的購買能力就越低，這對的貨幣不利。

CPI 與生活的關係

在社會生活中，CPI 穩定、就業充分、GDP 成長這些都是很重要的社會經濟目標。

CPI 和我們民眾的生活有著密切的聯繫，這在日常生活中是我們可以體會得到的，比如生活消費品的價格是漲了還是跌了。

事實上，我們在日常生活中經常可以看到，身邊的消費品如車票、蔬菜、汽油、房屋等價格不斷出現上漲，可是為什麼統計部門的資料卻顯示 CPI 下降了呢？現實的經濟並不像統計資料所顯示的那樣變幻莫測與隨意，當然也不像媒體所報導的那樣瞬息萬變——或忽然通膨，或忽然通縮，而是具有它本身發展的內在規定性。

目前 CPI 主要涉及到了食品、衣著、醫療保健、交通及通訊、娛樂教育文化用品及服務、居住、雜項商品與服務等幾個大類。

地價格出現快速上漲，這必然會讓相關產業的產品價格隨之而出現快速上漲和投資過熱的情形，比雖然鋼鐵價格曾在 2004 年總體管制時出現一定的回落，可是後來很快就出現了回升。還有電力、煤炭、運輸、能源等這些行業，經常會出現價格上漲情況。

利率為什麼這麼低、房地產投資為什麼這麼火熱、民眾的購屋需求為什麼如此旺盛，其實一個非常重要的原因就是用失真的 CPI 指數來作為貨幣政策的主要依據，這對銀行利率的調整形成了一定

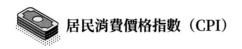

的阻礙。

即使 CPI 可以很好的反映出居民的消費價格，它也只能是央行貨幣利率調整過程中需要考慮的一個因素而已。從更多的角度來看，利率的條件已經成熟了，比如美元加息、民眾儲蓄的變化、民間金融市場的利率水準等。

投資必讀

CPI 指數上升，對於投資者來說，這就意味著房地產、黃金等傳統的抗通膨法寶也許無法達到預期效果，倒是其他一些投資策略可能會有更佳表現。那麼該如何確定自己的投資組合呢？

理財專家認為，最佳的策略不是徹底改變現有的資產配置，而是在原有基礎上加以調整，以下為具體操作指南：

第一，投資現金及銀行產品。在 CPI 指數升高這個大環境下，投資者更應該將自己的關注重點放在貨幣市場的共同基金上，因為這類基金投資通常都是短期證券，它們是 30 到 40 天即可到期，這類短期債券可以抵禦利率增高的風險。

有這樣一個例子，在 1970 年代和 1980 年代初，通膨肆虐，可是當時貨幣基金的收益率竟然超過了 15%。雖然這只是個案，但是 CPI 高漲，將自己的投資轉移到短期債券上這個策略是沒有錯的。

第二，投資債券。在 CPI 偏高的情況下，投資者可以使用「債券階梯」的策略來減少市場的不利因素對於自己投資的影響，比如可以買入兩年、四年、六年、八年及十年期的債券。當自己的短期債券到期後，便可以將收益以高利率繼續投入到長期債券當中。

還有一個方法就是投資那些買入可調利率貸款的共同基金，這類基金都是為了給企業槓桿收購融資。所謂的浮動利率基金其實都是結構化的基金，在利率上漲的時候能融得更多資金。

利率上漲期間，通常浮動利率基金的表現會有比較好的表現，這時它比其他的債券基金更有優勢。比如 2003 年的時候，投資者普遍預期利率上漲、經濟強勢發展，銀行貸款基金收益為 10.4%，而短期債券收益僅為 2.5%，兩者的差距是非常明顯的。

第三，投資大宗商品。理財專家指出，當前情況下，最值得投資者關注的就是和工業或食品製造業緊密相關的原材料，這些大宗商品比黃金更值得投資。其核心就是投資者要找到最優的投資工具。

有很多小投資者在投資大宗商品的時候將自己的投資方向偏重於期貨的投資上，採用交易所交易基金這種最簡便的方式。只是這類基金風險係數很高，在實際中經常會有「期貨溢價」出現，也是就說經常會出現期貨價格高於現貨價格的情況。於是，就會有這樣的情況出現：即使商品的價格在上漲，在購入新的期貨合約時投資者還是在虧錢。

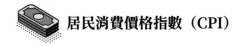 居民消費價格指數（CPI）

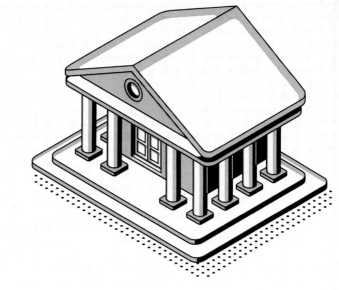

生產者價格指數（PPI）

生產者價格指數（PPI）

總體經濟運行的先行指標

生產物價指數的英文全稱為 Producer Price Index，縮寫為 PPI。PPI 是用來衡量生產者在生產過程中，所需採購品的物價狀況。所以說，它的主要目的是衡量企業購買一籃子物品和勞務的總費用。因為企業最終會把這些費用以更高的消費價格的形式轉移到消費者身上，所以，PPI 的變動對預測消費物價指數的變動而言是有用的。

PPI 指數包括了原料，半成品和最終產品等三個生產階段的物價資訊，將食物及能源去除後的，稱為「核心 PPI」（Core PPI）指數，這樣做就更能正確的判斷出物價的真正走勢。因為食物和能源的價格並不是很穩定的，總是在季節及供需的影響下出現劇烈波動。

從理論上來說，企業在生產過程中所面臨的物價波動最終都將反映在成品的價格上，因此觀察 PPI 的變動情況對於預測未來物價的變化有很大的幫助。生產物價指數是測算價格變化的指標，該價格是製造商和批發商在生產的不同階段為商品支付的價格。這裡任何一點的通貨膨脹最終都可能被傳遞到零售業。這是因為如果銷售商為了某種商品不得不支出更多，但是這些最終都會轉嫁給消費者。

其實，生產物價指數並不僅僅是一個指數，它是一族指數，是生產過程中每一個階段的價格指數——原材料、中間品和產成品。在這三個指數中，對金融市場最有影響的就是最後一個，也就是產成品的 PPI。該資料代表著這些商品被運到批發商和零售商之前的

最終狀態。在生產最後狀態的價格在通常情況下都由原材料和中間品過程中遇到的價格壓力來決定。所以說，觀察這三個過程也都是很重要的。

目前，企業的利潤率已經穩定在了上升之後的水準上，這些利潤的增速的局面並沒有導致利潤收縮。我們以淨利總額對銷售額的比值來表示企業的平均利潤率。資料顯示，從 2003 年以來企業利潤率呈現出逐年上升的趨勢。雖然近年來的原材料成本大增，但利潤率依然處於週期高位。

所以說，PPI 增速的加快往往意味著企業利潤增速的上升。

透過價格傳導規律解讀 PPI

物品的整體價格水準的波動通常是先出現在生產領域，然後透過產業鏈開始向下游產業擴散，直到最後波及到消費品本身。這就是價格傳導規律。根據這個規律，PPI 和 CPI 雖然是兩個不同的概念，可是 PPI 依然能對 CPI 產生一定程度的影響。PPI 主要反映的是生產環節的價格水準，而 CPI 反映的是消費環節的價格水準。

在上面，我們提到了產業鏈這個概念。產業鏈一般可以分為這兩條：第一條是以工業品為原材料的生產，第二條是以農產品為原料所進行的生產。

第一條生產鏈存在這樣的傳導關係：由原材料傳遞到生產資料再傳遞到生活資料。我們可以看一個這樣的例子，當鋼鐵價格出現了上升，於是就會造成汽車製造商的生產成本的提高，那麼最終就會造成汽車的價格出現上升。

第二條產業鏈存在這樣的傳導關係：由農業生產資料傳遞到農產品最後傳遞到食品。比如：當化肥、農藥等價格出現了上升，於是麵粉、大米等農產品的生產成本高了，當然就會接著漲價，這樣一來，以糧食、農產品等作為原料的食品如泡麵、糕點等也必然會漲價。

在我們國家，從這兩個傳導的路徑來看，尤其是第二條產業鏈因為傳導時間短、利潤空間小等特點，讓農產品向食品的傳導表現的比較明顯。近年來，糧價上漲是拉動 CPI 上漲的一個主要因素。

CPI 指數不但包括了消費品的價格，同時也包括了服務的價格，所以 CPI 與 PPI 在統計口徑上不是有嚴格的對應關係，所以 CPI 與 PPI 的變化有時就可能出現不一致的情況，但在通常情況下兩者之間還是符合價格傳導規律的。

在現實生活中，價格傳導不明顯或者價格傳導出現斷裂的情況有時候也是存在的，這主要是因為工業品市場處於買方市場，同時政府對公共產品價格的進行了一定程度的人為控制。一般當市場條件不同的時候，工業品價格向最終消費價格傳導會出現兩種可能的情況：

當在賣方市場的條件下，如果成本上漲而引起的工業品價格（比如電力、水、煤炭等能源、原材料價格）上漲最終會順利傳導到消費品價格上；

當在買方市場的條件下，因為商品供大於求，造成銷售不暢，所以這時候工業品的價格就很難傳遞到消費品價格上。於是企業就需要採取壓縮利潤的方式來消化上漲的成本。這樣的結果最終會表現為中下游產品價格穩定，甚至可能出現繼續走低，企業盈利也會

持續減少。這時就可能會有部分難以消化成本上漲的壓力，企業就可能會面臨破產的危險。

從現在的實際情況來看，那些可以順利完成傳導的工業品價格（主要包括電力、煤炭、水等能源原材料價格），如果任憑市場的變化就可能會出現整個物價的劇烈波動，所以這些工業品的價格目前都屬於政府管制價格的範圍。當上游產品價格 PPI 持續走高，如果企業無法順利把上游成本轉嫁出去，沒有讓最終消費品的價格 CPI 得到提高，那麼 PPI 先行指標的作用就不明顯。

投資必讀

當前的經濟形勢和金融市場的運行趨勢都比較複雜，PPI 的漲幅也出現了比較大的波動。針對這些局面顯得比較嚴峻的市場形勢時，投資者就需要將自己的投資收益預期進行大幅度的降低，應該追求一個比較適當的收益率。

那麼什麼樣的收益率比較適當，比較合理呢？其實這個並沒有一個具體的限定，而是因人而異的，尤其和投資者的理財能力有非常密切的關係。但我們需要明白的是，在風險水準一定的情況下，就應該追求收益率的最大化，而在一定收益率的情況下就應該追求風險的最小化。其實這就是適當的、合理的收益率。

具體我們在做投資的時候，可以從這些方面進行把握：

第一，要做到讓自己的資本保持一定的流動性，要有足夠的資金可以隨時進行投資策略調整。

第二，切記投資期限不要太長。這主要是對於那些固定收益型的產品，央行進行調息，於是新產品的基礎收益就會調高，這時如

果我們將自己的大多數錢都投入到舊的產品裡面，這就可能在新產品出現時我們拿不出足夠的錢向這些高收益的產品投資。

第三，在投資的過程中時要用好資產配置這種方式，也就是走好「組合投資」的路線。這樣做會更安全。

我們來看看這個案例：

呂雪梅小姐在一家金融公司做總監，年薪 120 萬。因為一直將自己的精力都放在了工作上，所以把婚事耽擱了，目前還沒有結婚。她今年內和男友結婚。她的男友月薪 8 萬元左右。目前她有一間套房，無貸款。有勞保，同時她還給買了龐大的醫療險。她打算婚後換一間三房的房子居住，總價大約在 480 萬左右。目前她有 200 萬的定期存款，120 萬的基金。現在她每月的開銷在 12000 元左右，而且打算在 3 年內生孩子。呂雪梅小姐的這種情況應該怎樣更好進行投資理財呢？

我們先來分析一下呂雪梅小姐的現實情況：她和男朋友每月的收入是 18 萬左右，而且日常生活的支出很節儉，沒有負債，家庭財政安全是完全有保障的。只是她雖然購買了基金，可是還應該對自己的投資進行一個更為合理的投資組合，另外，她的家庭風險保障方面需要增加新的保險品種以確保家庭財務安全。

所以，對於呂雪梅小姐而言，她的投資理財規劃可以從下面這些方面進行：

1. **現金規劃**。呂雪梅小姐的工作穩定，收入豐厚，而且平時生活支出比較低，為了讓資產的流動性和收益性達到平衡，呂雪梅小姐可以將資產的流動性比保持在月開支的 4 倍左右，也就是說每月流出 48000 元流動現金應

急。另外呂雪梅小姐可以辦張信用卡，這對她的各項消費記帳而言是比較好的，可以讓她跟有效了解自己的資金流向，從而控制婚後日常的開支。

2. **購房規劃**。呂雪梅小姐目前已經擁有了一間套房，所以她不能享受到房貸利率的優惠政策。購置 480 萬的房產，頭期款就是 96 萬，貸款期限為 30 年的話，每月的每月為 22872 元。每月的金額數目在他們的家庭月收入中只占了 12% 左右，所以不會對日常生活帶來較大的壓力。另外她也可將自己的套房租出去。

3. **投資規劃**。呂雪梅小姐目前的投資主要方向在基金上。因為日後要生孩子，所以在投資建上應該偏向於偏穩健型，可以採用構建基金投資組合的方式進行投資。也就是說，選擇一部分優質偏股類基金，這個比例大約占總基金額的 40%，另外一部分則為偏債類型基金，該部分的比例控制在 60%。因為呂雪梅小姐每年的結餘比較高，所以還可以考慮購買黃金或來進行中長期的投資，在投資市場上，黃金自古以來都是金融避險的首選。

4. **保險規劃**。目前呂雪梅小姐還很年輕，可是要為自己未來的家庭做出打算。所以不但要選擇自己的保險，同時還需要對家庭進行保障。她購買了重大疾病險，但最好還應該購買卡單式意外險，將保額設定在 160 萬，再附加一些意外醫療、住院等保險，這樣的保障就會更全面。

面臨當前金融市場的情況，PP 指數波動大，造成市場不穩

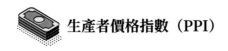

定。而我們投資者還是應該隨時關注投資市場的動向，對自己的投資進行全方位的把握，從而取得更好的收益。

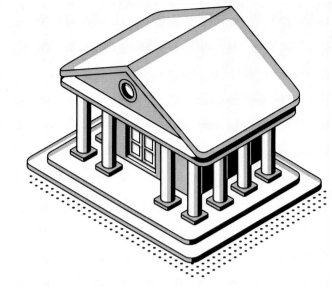

匯率

匯率

匯率是如何形成的

當今的很多發達國家都執行的是浮動匯率制度，這又稱為自由匯率制度，也就是說匯率的形成是由外匯市場上的需求與供給所決定的。我們以美國市場為例，如果有一家美國的基金組織打算購買歐盟的債券時，該組織就應該先將美元兌換成歐元，這樣就形成了匯市上的美元供給。如果有一家歐洲的一家企業和機分別打算購買美國的電腦軟體和波音飛機，它們就需要先將歐元兌換成美元，這樣就形成了匯市上的美元需求。

在匯市上，美元的需求數量是不斷變化的，它會隨著美歐之間的貿易量而變化。如果美國對歐洲的貿易出現順差，也就是說歐洲人購買的美國物品要比美國人購買歐洲物品多時，這意味著如果歐洲人想要買更多的美國商品，他們就需要拿出更多的歐元去買美元，於是匯市上的美元需求就會增加。

相反，如果美國對歐洲的貿易順差出現下降時，這就意味著匯市上的美元需求減少。與此同時，如果美國公司對歐洲的淨投資為正時，這就表明要用美元去買更多的歐元，這樣形成的美元供給量及其變動主要會受利率變化的影響。如果美國利率出現了上升，那麼將會減少匯市上的美元供給；如果美國的利率出現下降，這樣又會增加美元的供給。

如上所述的需求和供給關係在匯市上形成的均衡價格就是美元兌換歐元的匯率。在這個過程中，匯率總是圍繞著均衡價格上下波動的，也正是匯率調節著美元的供需關係。具體而言，當美元的匯率高於均衡點時，美元的供給將會大於市場需求，這時美元將可能

面臨貶值的壓力；如果低於均衡點時，就會造成美元的供給小於市場需求量，這樣美元就會面臨升值的壓力。當實際匯率達到均衡點的時候，歐洲國家購買美國產品而形成的美元需求正好和美國方面購買歐洲資產的美元供給相平衡。

事實上，通常情況下由於關稅及貿易政策的變化、突發的政治、經濟及社會事件、國際間較大規模的投資或投機活動出現時的資本流動、聯準會或其他央行貨幣政策工具的作用等這些事件的發生，都會讓匯率產生不同程度的波動。

匯率高估或低估會對一國經濟的影響

其實，匯率不論是高估還是低估都會產生一定的不良影響，比如會讓資源分配不平衡，尤其是持久性的匯率失調如果出現，這會對實體經濟會造成很嚴重的損害。下面我們就具體看看匯率高低對經濟的影響：

第一，匯率高估的影響

1. 對進出口產生影響。在實際中，如果實際匯率被高估，那麼該國家的出口商品和進口競爭產業的競爭力就會削弱，從而造成進口增加和出口減少。匯率高估對出口收入減少和進口支出增加的影響程度主要取決於匯率高估的持續時間、國家產品和競爭者提供的產品之間的可替代程度。倘若國家的出口產品在國際市場上的競爭性不強，就很容易被替代，出現了匯率高估的情況，也就意味著市場會迅速遺失或迅速被進口占領。這對該國的經

濟發展和企業而言是不利的。

2. 對經濟成長、就業和直接投資的影響。實際的匯率是一種市場價格信號。如果實際匯率出現了被高估的情況，於是這種扭曲的價格就會影響投資，接下來就會出現資源分配不合理等問題；當市場參與者意識到目前已經出現了匯率失調的時候，如果還不清楚失調的程度，這也會影響投資，進而對經濟成長造成不利的影響。

　　當出口部門的利潤減少以後，就很有可能對投資抱著觀望的態度，同時還有可能削減生產，這樣就會導致失業成長，最終造成機器閒置，工廠關門。如果出現了持續的匯率高估情況，這對直接投資也能產生不利的影響，這個具體表現為——當投資者發現該國的利潤率下降時，他們就可能會把生產向其他國家進行轉移，這種情況會造成該國將來的 FDI（對外直接投資）流入的減少，而對外直接投資的流出增加，對任何國家而言，這都會造成損失，是每個國家都不願意看到的。

3. 對金融體系的影響。倘若匯率長期被高估，市場上就會存在較高的貶值預期，個人或企業都千方百計持有外匯。這種情況一方面會造成企業把出口外匯收入截留在境外，進口的時候直接付匯，於是大規模的資本外逃會讓該國本來就有限的外匯更加短缺。

　　另一方面，企業會增加本幣借款，使用借款來購匯償還外債，於是企業和銀行都竭力減少外幣債務，這樣就直接促成對本幣需求的增加，造成本幣利率上升，於是企業

的融資成本會進一步上升。倘若存在外匯管制，那麼黑市上的外匯價格也將會迅速攀升，這會讓金融交易秩序遭到更大的破壞。

對於一個國家而言，倘若對匯率高估的程度比較高，而且缺乏靈活的匯率制度的話，該國就特別容易遭受國際投機者的攻擊。從1990年代到現在，有不少發展中國家和地區都經歷了金融危機，比如墨西哥、東南亞國家、巴西、土耳其、阿根廷等。在這些危機中，因為匯率高估而給國家經濟造成嚴重損失也是一個很重要的因素。

第二，匯率低估的影響

對於任何一個國家而言，如果出現了匯率低估，這必然會帶來自主性的國際收支順差。當市場上一旦形成了對該國貨幣的升值預期，這必然就會引發短期投機資本的流入。短期投機資本對總體經濟穩定是非常不利的。匯率低估對經濟的影響主要有以下這些方面：

1. 匯率低估會對資源分配產生不利影響。當匯率被低估的時候，低估的匯率會促進資源更多的進入出口部門，這樣就會讓進口部門和製造業、服務業等其他部門受到抑制，造成國民收入的再分配，這對一個國家的中長期資源分配和經濟的可永續發展是非常不利的。當匯率長期被低估的時候，對那些以高成本低效益生產出口產品和進口替代品的企業而言則是比較有利的。從這個角度來看的話，匯率低估具有保護落後企業的作用，所以

這就不利於企業競爭能力的提高，也對資源的最佳化分配不利。

2. 匯率過度低估會讓高科技產品的進口減少。當高科技產品進口減少的時候不利於經濟結構的升級和勞動生產率的提高。本幣低估所帶來的經常帳戶順差，意味著國家的儲蓄和資源有一部分被國外利用。這對發展中國家的經濟發展造成不小的影響。因為發展中國家通常本來就缺乏資金，這時資金被國外利用必然會減少自己的利用空間。

3. 匯率低估還會造成一定的國際經濟摩擦。倘若一個國家為了促進出口、改善貿易逆差而低估本幣，這樣就會讓對方國家的貨幣相對升值，造成對方國家出口競爭力的下降。特別是以外匯傾銷為目的而低估本幣的國家，必然會引起對方國家及其他利益相關國家的反對甚至報復。導致這些國家採取針鋒相對的措施，直接或者隱蔽的對貨幣低估國家的商品出口進行一定程度的抵制。

投資必讀

近年來，隨著各種理財產品的興盛，外匯理財產品也成了投資者青睞的一個種類。它之所以能受到廣泛的歡迎，主要就要是因為收益率比較高。而要進行外匯投資，我們真正對外它的了解有多少呢？其實有很多投資者對外匯的投資理財還存在不少盲點。我們認識到了這幾點盲點，才能在投資過程中對自己的投資策略進行合理的調整。

銀行

在進行外幣儲蓄的時候，一定要多了解幾家銀行的外幣匯率，選擇利率最高的。比如：以兩年期美元的定期存款為例，有的銀行年利率為 2.750%，而有的則為 3.375%，兩者相差 0.625%。這些利率差距還是不小的所以不要覺得存哪裡都一樣，不然我們在外幣儲蓄的時候就會吃虧。

據研究機構統計資料顯示，當前半年期美元理財產品的年收益率保持在 1.2% 左右，半年期歐元產品的年收益率保持在 1% ～ 1.3% 之間，半年期澳幣理財產品的年收益率為 2.59 ～ 2.8% 之間。

很多銀行的外匯儲蓄利率都高於外幣理財產品，澳幣的活期存款利率可以達到 1% 從這些資料中看出，外幣理財產品的收益率並不具備優勢。

因此，雖然當前的外幣理財產品種類非常多，但在外匯投資過程中，因為外幣的儲蓄具有高安全性、高流動性和低風險性，所以它是進行外幣投資的最基本的選擇。

近年來，貨幣一直處在升值的階段，很多投資外匯儲蓄的人都產生了一個錯覺，認為本國貨幣的升值就意味著外幣的貶值。事實上，在目前所實施的匯率制度下，外幣貶值的只有出現非美元貨幣兌美元的匯率增幅低於美元兌該國貨幣的貶值速度時才會發生。而目前歐元、英鎊等非美元貨幣並沒有發生上述現象，所以投資非美元貨幣的外匯理財產品受該國貨幣升值影響的可能性還是比較小的。

在投資的過程中，我們可以將自己手中的外匯存底結構做一下適當的調整，比如可以將單一的美元換成一部分日元、新元或澳

 **匯率**

幣。因為匯市總是在不斷變化當中，可能今天美元出現了跌軟的情
況，而明天也可能會突然走強。當我們所持有的外幣品種比較多
時，透過此消彼長就可以抵消一些損失。

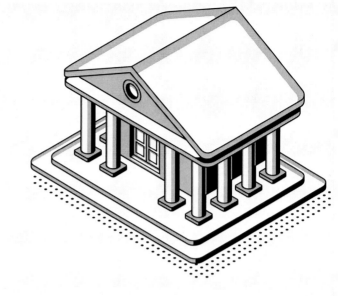

貿易順差逆差

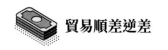

貿易順差（逆差）反映了什麼資訊

在日常的貿易過程中，以年度為公司來衡量貿易雙方互相買賣各種貨物，互相進口與出口，如果甲方的出口金額大過乙方的出口金額，或甲方的進口金額少於乙方的進口金額，這就形成了一定的差額，對甲方來說，就這個差額就是貿易順差，對乙方來說，就是貿易逆差。通常就貿易雙方的利益而言，得到貿易順差的一方是有利的一方，而得到貿易逆差的一方則是不利的一方。一個國家的貿易順差是指在特定年度一國出口貿易總額大於進口貿易總額，又稱「出超」。

當然貿易順差也並不一定是越多越好。一國不宜長期出現大量的對外貿易順差，這樣很可能造成該國與相關的交易夥伴國產生摩擦。比如：美、日兩國雙邊關係市場發生波動，主要原因之一就是日方長期處於巨額順差狀況。

如果一個國家的貿易順差過高，那就是一件比較危險的事情，也就是說這意味著該國經濟的成長對外部的需求過大，對外依存度過高，一旦國際市場出現經濟供應波動就會影響到的需求，從而引起市場的不穩定。

與此同時，巨額的貿易順差也帶來了外匯存底的膨脹，給貨幣帶來了更大的升值壓力，還讓國際上貿易保護主義勢力認為巨額順差反映的是貨幣被低估。這樣會給國家的貨幣增加升值的壓力和金融風險，從而讓貨幣匯率機制改革的成本和難度得到了上升，對國民經濟的發展是很不利的。

貿易逆差也就是「入超」或「貿易赤字」，它反映了一個國當

年在對外貿易中處於不利地位。一個國家的政府應當設法避免長期出現貿易逆差，這是因為大量逆差將致使資源大量外流，該國外匯存底減少，其商品的國際競爭力削弱，造成高額的對外債務，影響國民經濟的正常運行。

　　貿易逆差對一個國家經濟的影響具體而言是這樣的：該國長期出現貿易赤字現象，為了要支付進口的債務，就必須要在市場上賣出本幣以購買他國的貨幣來支付出口國的債務，於是就會造成國民收入流出國外，讓國家經濟的表現轉弱。

　　政府要讓這種不利的狀況得到改善，就必須透過讓國家貨幣貶值的手段來挽回損失。因為當貨幣貶值的時候，也就是變相把出口商品價格進行了降低，這樣就可以提高出口產品在國際市場的競爭力。

　　由此可以看出，國際貿易狀況對外匯匯率的影響是非常大的。上面提到了日美之間的貿易摩擦就充分說明了這一點。因為美國對日本的貿易連年出現逆差，從而致使美國貿易收支的出現了嚴重的惡化。所以美國政府為了限制日本對美貿易的順差，就對日本施加壓力，迫使日元升值。可是對於日本政府而言，他們則是千方百計阻止日元升值過快，這樣就可以保持在國際貿易中的較有利的貿易狀況。

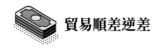 貿易順差逆差

貿易順差對總體經濟的影響

第一，貿易順差對總體經濟的積極影響：

1. 保持適度的貿易順差對維護國家經濟安全來說是非常重要的。

近年來世界各國爆發了多次金融危機，這些危機都有這樣的共同特點：國際收支中的經常性項目出現了連續多年的赤字情況，而且經常專案占 GDP 的比重也越來越大；本幣貶值幅度越大，經濟崩塌就越嚴重。

當一個國家的在經常性項目進入了持續逆差的狀況，要想繼續維持國際收支平衡就必須靠資本的淨流入進行，如果金融受到外部投機資本的衝擊，就會造成對本幣的信任度下降，於是資本流入就會減少，而流出會增加。倘若資本項目從淨流入轉為淨流出，再加上經常性項目的赤字，這就會對外匯存底形成的雙重壓力，迫使本幣貶值。

為了避免金融崩潰和惡性通貨膨脹，政府就必然採取緊縮的財政貨幣政策，對投資和消費進行一定程度的抑制，雖然這種方法對國際收支平衡有利，可是必然導致經濟大幅度崩塌。

雖然近年來資本項目為較大規模的淨流入狀態，可是有相當一部分屬於「熱錢」性質。從外商投資方面來看，這個規模已經很大，所留出的成長空間本來就已經很小，還很可能逐步出現回落。

在這樣的情況下，倘若經常專案出現了逆差，再加上國際投機資本的炒作，這很容易出現較大規模的資本淨流出，從而就會威脅到本幣幣值的穩定和國民經濟的發展。所以，對國家而言，保持經

常專案的收支平衡或必要的順差對於是維護國家經濟安全來說是非常重要的。

2. 保持適度貿易順差可以推動資本累積、技術進步和產業結構升級

當出口和貿易順差擴大，這對獲得一定的外匯資源，提高對外支付能力有很大的好處。一方面，透過進口自己必需的先進技術和設備，這有助於促進的資本累積和技術進步，能讓相關產業的得到很好的提升；另一方面，企業透過在國際上參加外貿活動，可以了解更多的國際市場資訊，引進了先進的管理技術，這就能提升企業自身的市場競爭力。在激烈的市場競爭過程中，企業加快了策略重組和技術創新的步伐，同時也利用了外資企業的技術，這就推動了產業的升級。

要保持匯率相對穩定就要有一定規模的外匯存底作為基礎。而一個國家的貿易順差就是就是該國外匯存底的主要來源。一國所持有的外匯存底量的多少，是該國干預外匯市場和維持匯率穩定的重要表現。對外貿易順差不但可以給中央銀行干預外匯市場提供物質資產，而且還能增強國外投資者對本幣的信心，讓本幣的信譽和幣值穩定得到維護。

3. 貿易順差可以促進經濟成長和就業。

特別是近年來外貿對經濟的成長做出了很大的貢獻，成了推動經濟快速成長的主要因素之一。據國家統計局的資料顯示，2011年 GDP 比上年成長了 9.2%，其中有 2.4 個百分點歸功於貿易順差對經濟的拉動。隨著出口依存度的提高，出口開始擴大，同時也增加了很多就業機會。外貿出現了快速成長，於是在相關行業的就業

職位就需要大量的勞動力，就業便可以得到一定程度的提升。據測算，每出口 1 億元的產品就可以為 1.2 萬人提供就業機會。

第二，貿易順差對總體經濟的負面影響

1. 持續擴大的貿易順差會導致國際貿易環境惡化

對外貿易順差激增，在這個過程中也和交易夥伴出現多次的，在這種情況下，某些產業和企業所面臨的外部環境將更加嚴峻，同時這也會讓總體經濟的成長受到一定程度的影響。

加入世貿組織對一個國家的重要的有利因素之一就是可以提高出口市場的可預測性，這就可以讓讓企業對生產經營及回報形成相對穩定的預期。當貿易摩擦激增，便有一些發達國家採取了許多違反世貿組織和自由貿易精神的不合理限制措施，製造和濫用很多形式的貿易壁壘。

2. 持續擴大的貿易順差不利於經濟的可持續成長

世界貿易組織做過一項統計，該統計表明，從進出口總額從 1000 億美元到 1 兆美元的成長過程中，美國用了 20 年，德國用了 26 年。事實上，貿易尤其是出口貿易能發展這麼快，其中一個非常重要的原因就是產品價格低廉。可是這種出口模式帶來的經常專案順差並不能持久，它是以有限的資源和環境為代價。如果長此以往，必然會對經濟成長造成一定程度的損害。

投資必讀

在通常情況下，當國家的貿易順差縮小時，投資者需要對這個幾個方的問題多加注意：

　　第一，要選擇好自己所投資的公司。選擇的時候應該關注該公司未來的發展前景，要選擇前景好的消費類公司，與此同時應該盡量迴避當前業績好，而發展前景並不好的公司。

　　第二，貿易順差縮小，在這個總體經濟的大環境下，我們投資者選股時要注意到大股東持股比例。通常，當大股東持股比例極大時，「小非減持」的壓力並不大，而「大非減持」壓力會增加；當大股東的持股比例低時，「小非減持」的壓力變大，而「大非減持」壓力不大，因為大股東為了保持自己的控制權。

　　在進行投資的時候，我們可以參照貨幣升值對於行業及其個股的受益程度來考察，貨幣升值對行業的影響主要是造紙、航空類企業可以得到較大的受益。從當前的 A 股市場來看，有部分上市公司有進口貿易，主要集中在造紙、航空、大宗原材料等行業。就航空業而言，航空公司外幣負債比例高，如果貨幣升值，航空公司就可以獲取一次性的匯兌收益；而且也能讓其進口飛機和其他航空器材的成本下降。

　　還需要注意的是：因為從事出口貿易的上市公司中以機電、紡織服裝等企業占據了大多數，而紡織服裝企中的中小企業為主力軍，它們對貨幣升值的敏感性是非常強烈的，所以在利潤率已經逼近盈虧平衡點之際，很多企業面臨的現實情況就是「無利可圖」，所以，在投資過程中要盡量規避這類股票。

 貿易順差逆差

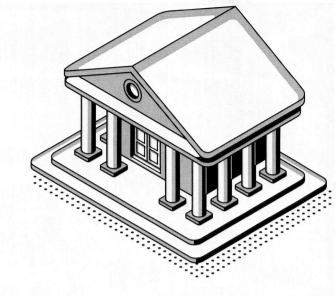

進出口總額

 **進出口總額**

進出口總額反映了什麼資訊

　　一個國家在外貿方面總規模的大小就是透過進出口總額這個指標來衡量的。出口貨物是按離岸價格統計的，而進口貨物則是按到岸價格統計的。通常情況下，國家對外貿易的規模都用貨幣來表示，倘若進行國際比較，那就用美元表示。進出口總額是觀察一個國家總體經濟發展的同步指標。在一個國家的經濟發展中，進出口貿易對社會經濟的發展具有十分重要的作用。

　　進出口總額是個整體資料，以進出國境做為標準，具體還可以分為進口額和出口額這兩個部分，將這兩個資料進行比較，就直接反映出對外貿易是順差還是逆差。

　　世界各國的地理位置、氣候不同，所擁有的資源在種類和數量上也存在很大的差異。有的國家累積了大量的資本，有的國家擁有豐富的勞動力，有的國家幅員遼闊，土地資源豐富，還有的國家擁有很多先進技術。

　　對於不同的產品而言，所需要投入的生產要素比例也存在很大的差別，比如服裝、玩具等產品就需要大量的勞動力，農產品則需要使用大量的土地，而機器設備等產品就需要投入巨額的資本和技術等等。各國都會根據自己所具備的優勢來生產產品，然後透過進出口互通有無、取長補短，這樣就可以更有效使用資源，促進經濟繁榮，提高人們的生活水準。

投資必讀

在我們的日常生活中，可能有不少人有這樣的發現：即使自己在購物前已做好了預算，可是如果遇到了自己喜歡的東西，依然會讓自己的消費超出預算。

其實，如果我們進行購物預算的目的只是為了減少或者避免超支，這樣最後所取得的效果肯定不佳。

生活中，每當我們打算進行大量採購時，看著那些宣傳單上琳瑯滿目的東西時，我們內心的購買欲望就會被激發出來。這樣一來，我們就可能用各種理由來說服自己購買。

比如：張娟拿著 20000 元打算去珠寶店購買首飾。而當她到了珠寶店後，發現有一串 22000 元的珍珠項鍊很漂亮，不但色澤非常好，而且顆粒也大。如果在這個時候她看上的是一條價格達 40000 元的項鍊，這就可能讓她直接放棄購買的打算，因為自己如果購買的話，就會比預算多出 20000 元，差距太大了。可是她看中這條只差 2000 元，而不是相差好幾萬元，於是她就可能會說服自己買下來，這樣必然會超出預算。

也許你可能會問這樣的問題：出現這樣的事情是因為店家店家的推銷的水準高呢，還是因為我們妥協了呢？

其實，不動產生意就是利用我們的這種心態而興起的。倘若我們打算想找一棟房子，要求一坪不超過 30 萬元。於是對方就可能採用這樣的方法：他們會先帶我們去看看一坪 30 萬元的房子，然後說這間房子什麼方面不好，比如衛浴設備只有一套、交通不方便等等。

接下來他們就會帶我們去看一坪 40 萬元左右的房子，當然這個價格他們在開始的時候是不會說的。他們只是不斷強調這間房子的優勢，比如它多一間衛浴設備，交通方便等等，總之要將這間房子說得比之前所看的那一間好，然後我們就可能主動問價格。這時，對方就會說這間會稍微貴一點，但是也只要 40 萬元。而且會再次強調它的優點，特別是突出之前的房子所沒有的優點。

每當這個時候，我們就會在對方的引導之下做出考慮：雖然這兩間房子並沒有太大的差別，只是衛浴設備、交通的便利程度上有所不同，可是這個時候作為顧客的我們，就可能在內心深處感覺兩間房子的差別已經很大，自己從心理上就開始傾向於購買後者。雖然會超出自己的預算，可是不會感覺不合理。

預算與決算的矛盾就是這樣產生的。這告訴我們，如果在投資理財過程中只做預算還是遠遠不夠的，因為種種因素我們的決算在很多時候可能高出預算。所以做好決算，認真總結經驗教訓也是投資理財過程中不可忽視的一個方面。

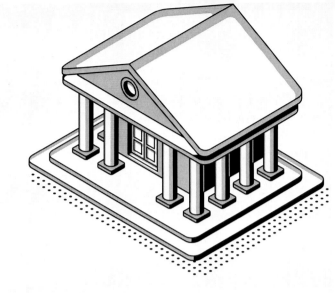

存貸款比

 **存貸款比**

存貸比高或低反映什麼資訊

何為存貸比？顧名思義，存貸比就是銀行貸款總額與存款總額的比值。在各大商業銀行盈利來源中，獲取存貸款利差是其盈利的一個很主要的來源。通常情況下，貸款利息比存款利息高，銀行向貸款人發放貸款，同時也接受存款，銀行收取貸款的利息減除付給存款人的存款利息之後，剩下的那部分就是存貸款利差，這部分錢就是銀行的主要利潤。

當今金融業的競爭越來越激烈，商業銀行透過這種傳統的盈利模式來獲取的利潤已經越來越少。所以當前銀行都開始拓展自己的業務範圍，大力發展中間業務，比如辦金融卡、諮詢資訊、購買銀行代理的基金、辦理結算業務等，通常情況下這些業務都是有償服務，銀行扮演的是仲介或代理的角色。在當今，此類的中間業務已經成了現代銀行利潤收入的重要組成部分。

如果銀行在傳統盈利模式的情況下，存貸比數值越大就越對銀行有利，它們所獲取的利潤就越大。對商業銀行而言這當然是它們追求的目標，因為它們也是企業，需要盈利。但是如果從銀行抵禦金融風險的角度進行考慮，存貸比的數值還是需要控制在一定範圍內才比較安全。這是因為商業銀要很好的應對廣大客戶日常現金領取和日常結算，就必須預備出一定數量的資金。

而如果存貸比過高的話，就意味著大量資金貸出，導致銀行的預備資金短缺和不足，從而影響到銀行的正常業務，有時甚至會導致銀行的支付困難。如果出現了突發事件，造成大量客戶領取現金，在這種情況下很容易造成瘋狂的擠兌現象，於是銀行的支付危

機就開始逐漸擴散，這是很危險的，很有可能導致金融系統危機，甚至對國家經濟造成極大的危害。

所以，銀行存貸比例也不是越高越好，只有將其控制在一個合理的範圍內才是安全的。在實際中，銀行貸出的款也不可能百分之百都優質，所以也會出現形成呆帳、壞帳，造成貸出去錢很難收回，如果這種不良貸款過多，就會影響到銀行的正常運行。

2008 年美國爆發的次貸危機就是銀行不良放貸的典型。所以，中央銀行為防止商業銀行因為過度放貸而引發金融風險，便發表了措施，要求商業銀行最高的存貸比不能超過75%。也就是說，如果銀行每吸收 100 元存款，最多只能用 75 元發放貸款。

當然，商業銀行貸款規模比例既不能過高，也不能太低。銀行的貸款規模其實就是我們日常生活中經常聽到的信貸規模，這在一個國家的總體經濟中是一個很重要的因素。不論經濟運行到哪個週期內，存貸比過高過低對經濟的穩定運行都是非常不利的。

當商業銀行存貸比過低的時候，比如低於50%、40%，這樣對銀行自身的發展而言是不利的。在經濟的成長速度放緩，通貨緊縮壓力增大的情況下，銀行信貸出現萎縮必然會抑制投資，這個時候，企業得不到足夠的信貸支持，就可能造成資金鏈條斷裂的危險。銀行的資金儲備不能夠轉化為有效的投資，不能夠轉化為發展的動力，這就會讓整個社會的經濟遭遇到很大的困難。

如果出現了這樣的經濟背景，國家通常就會實行積極、寬鬆的貨幣政策，上調存款準備金率和再貼現率，這樣就能保證商業銀行增加信貸供應量，讓流動性供給得到保障，從而增加商業銀行的存貸比，將資金轉化為投資的進程加快，帶動社會經濟的發展。

 **存貸款比**

撥備制度與存貸款比

商業銀行必須具備一定的風險意識，這是因為在商業銀行的日常業務中，貸款損失或其他方面的經營損失都會給銀行帶來風險。所以銀行就要有一套防範風險的措施。對於商業銀行而言，除了需要遵照央行的規定的不高於 75% 的存貸比這項措施以外，撥備制度也是一種應對方案。

所謂的撥備制度就是指商業銀行為了防範貸款風險和資產風險，而預先提取的用於補償可能發生損失的準備金。

在商業銀行所出現的不良資產中，來自貸款的損失是最主要的。在現實生活中，不論是多麼出色和嚴謹的銀行都會遇到問題貸款，倘若出現的問題貸款給銀行造成了一定的資金損失，於是銀行就要用撥備的準備資金進行抵補。所以，撥備制度對銀行而言是一個非常重要的制度，它能提高銀行消化不良資產的能力。隨著經濟的不斷發展，金融市場的開放度也開始逐漸提高，商業銀行撥備制度的重要性已經越來越得到大家的認同。

究竟商業銀行是如何實施撥備制度的呢？要明白這個問題，我們就需要先明白央行對商業銀行的貸款資產進行風險等級劃分。

在這些規定中，正常類就是用於彌補尚未識別的可能性損失的撥備，而剩下的其他四類就都屬於具有風險的貸款了。比如：一家商業銀行給一家企業貸款 400 萬元，銀行經過對貸款專案的風險調研和對該企業的追蹤回饋等資訊做出了一個判斷，如果認為這筆貸款資金的損失機率屬於關注類，那麼銀行就要按照 2% 的額度進行撥備，拿出 8 萬元作為準備金。如果這家銀行開展信用卡業務，那

麼信用卡透支的風險通常就屬於正常類，於是該銀行就需要根據業務金額提取 1% 的撥備準備金。

投資必讀

個人的投資理財中，通常離不開儲蓄這個最基本的投資工具，儲蓄時選擇國有銀行作為存款機構，這樣的投資風險是以國家信譽作為擔保的，所以和其他的各種理財方式相比較，儲蓄的風險是最低的。

常明岐先生去年剛剛大學畢業，他每個月薪資收入 30000 塊，通常除去了各種日常開銷，理論上他每月可以節省出 8000 多元。可是事實上應該結餘出來的這 8000 元經常被他以各種理由花了出去，到目前為止，他還沒有一分錢的結餘。對於他這種月月光的情況，其實常明岐本人也很苦惱，不知該如何進行投資理財，可是他覺得透過存款進行投資是最沒有技術的投資方式。他表示，自己想買基金，投資黃金，投資股市，可是從目前的實際情況來看這些想法都沒有足夠的運作資金。

事實上，對於常明岐而言，他還是應該從存款開始做起。雖然存款看似沒有什麼技術含量，可是裡面有很多技巧，如果能靈活運用這些技巧，同樣可以取得比較高的收益。

所以，針對常明岐的情況，他應該為自己開設一個零存整付帳戶，為自己訂立一個每月存多少錢的數目，按時存入該帳戶。因為零存整付屬於定期儲蓄的一種，是指儲戶在進行銀行存款時約定存期、每月固定存款、到期一次領取本息的一種儲蓄方式，如果中途有漏存，應在次月補齊。採用這樣的方式就可以使儲戶養成硬性儲

蓄的習慣,這種方式都剛剛開始工作的年輕人而言是非常適合的,所以,是常明岐的一個不錯的選擇。

當然,在常明岐經過一段時間的儲蓄之後,形成了儲蓄的習慣時,還可以增加儲蓄的品種。雖然當前儲蓄已經深入了我們的生活,但是怎樣才能運用好儲蓄方式和技巧,讓我們的所得到的利息收益更高,可能並沒有多少人有比較清楚的了解。

我們應該掌握一些適合的儲蓄組合,使用下面這些技巧可以讓自己的儲蓄收益達到最大化。

第一,階梯儲存法

比如:有5萬元需要儲蓄。我們可以將其中的2萬元存為活期,方便自己使用的時候隨時領取。然後將剩餘的3萬元分別分成3等份存為定期,存期分別設定為1年、2年、3年。1年指後,將到期的那份1萬元再存為3年期。其餘的以此類推。

等到3年後,我們手中所持有3張存款單則全都成了3年期的,只是到期的時間有所不同,依次相差1年。採用這樣的儲蓄方法可以讓年度儲蓄到期額達到平衡,既能應對儲蓄利率的調整,又能獲取3年期存款的高利息,所以是小資家庭為子女累積教育基金的一個不錯的儲蓄方式。

第二,連月儲存法

我們可以每月將自己結餘的錢存為一年期整存整取定期儲蓄。這樣在一年後,第一張存款單到期,我們便可取出儲蓄本息,再湊為整數,然後進行下一輪的週期儲蓄,像這樣一直循環下去。

於是我們手頭的存款單始終保持在12張,每月都能獲得一定數額的資金收益,儲蓄額流動增加,家庭儲蓄也會逐漸增多。這裡

儲蓄法的靈活性比較強，具體每月需求儲存多少，可以根據家庭經濟的收益情況作出決定，並沒有必要定一個數額。如果有急需使用資金的情況，我們只要領取到期或近期所存的儲蓄即可，從而為我們減少了一些利息損失。

第三，四分儲蓄法

比如有 1 萬元需要儲蓄，我們可以將其分存成 4 張定期存款單，每張存額可以分為 1000 元、2000 元、3000 元和 4000 元，將這 4 張存款單都存為一年的定期存款單。採用這種方式，如果我們在一年內需要動用 4000 元，那麼只要領取 4000 元的存款單就可以了，從而避免了「牽一髮而動全身」的弊端，很好的減少了由此而造成的利息損失。

第四，組合儲存法

這種方法的本質就是本息和零存整付組合。比如用 5 萬元來儲蓄，我們就可以先開設一個存本取息的儲蓄帳戶，在一個月後，取出存本取息儲蓄的第一個利息，然後再開設一個零存整付的儲蓄帳戶，在接下來的每月中都可以將利息存入零存整付這個帳戶中。這種方式不但能獲得存本取息利息，而且存入了零存整付儲蓄後還可以得到利息。

第五，自動轉存

現在，各銀行都有自動轉存這項服務。我們在儲蓄的時候，可以和銀行約定進行轉存，這樣做的好處就是它可以避免存款到期後如果不及時轉存，逾期部分按活期計息的損失；另外，如果存款到期後正遇上了利率下調，當初沒有約定自動轉存的，再存的時候就會按下調後利率計息，如果之前預定自動轉存的，就能按下調前較

高的利率計息。而如到期後遇到利率上調，我們也可取出後再存，同樣能享受到調高後的利率。

第六，活期儲蓄儲存

活期存款的好處就是靈活方便、適應性強，我們可以將這部分錢用來做日常生活的開支。比如可以將月固定收入（例如：薪資）存入活期存摺作為日常待用款項，可以用來供日常領取開支中的水電、電話等費用，這樣從活期帳戶中代扣代繳支付是很方便的。當然我們也要注意，活期存款的利率低，如果活期帳戶裡有較為大筆的存款，那就應該及時進行領取並轉為定期存款。此外，對於在平日裡有大額款項進出的活期帳戶，為了保證利息生利息，最好應該將這個帳戶每兩月結清一次，然後可以用結清後的本息再開一本活期存摺。

第七，整存整取定期儲蓄儲存

定期存款在通常情況下適用於在較長時間不需動用的款項。這樣的儲存方式一定要注意存期要適中，具體可以這樣操作：比如一筆款項打算存為整存整取的方式，定期 5 年，我們不直接存為 5 年，而可以將存款分解為 1 年期和 2 年期，然後滾動輪番儲存，這樣的話利生利收益效果是最好的。如果在低利率時期，這時就可以將存期設的長一些，能存 5 年的最後不要分段存取，因為低利率的時候，儲蓄收益遵循這樣的原則「存期越長、利率越高、收益越好」。

第八，通知儲蓄存款儲存

這類存款的適用對象主要是近期要支用大額活期存款可是又不明確具體的支用的日期的儲戶，比如：個人的進貨資金、炒股時持

幣觀望的資金或是節假日股市休市時的閒置資金。對於這樣的資
金，可以將存款定為 7 天的等級。

 **存貸款比**

社會總供給和社會總需求

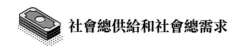

什麼是社會總供給

社會總供給和社會總需求在總體經濟學中的一對基本概念。所謂社會總供給就是指一個國家或地區在一定時期內（通常為 1 年）由社會生產活動實際可以提供給市場的可供最終使用的產品和勞務總量。

社會總供給主要有兩個組成部分：一部分是由生產活動提供的產品和勞務，這方面包括了農林牧漁業、工業、建築業等行業提供的產品，同時也包括由交通運輸、郵電通訊、銀行保險、商業服務業等行業提供的服務，其實這就是國內生產總值。另外一部分就是由國外提供的產品和勞務，也就是商品和勞務輸入。

社會總供給的計算公式為：

社會總供給

＝本期國內生產總值＋本期進口－本期不可分配部分

該公式中的本期不可分配部分是指國內生產總值中當年不能進行分配的部分，比如人工培育正在生長過程中的牲畜、樹木、由於天災人禍造成的損失等。

在實際中，因為各時期的供需狀況相互影響，所以在測算社會總供給的時候還應考慮各時期之間的銜接。為此，其計算公式還可以這樣表示：

社會總供給＝本期形成的社會總供給＋期初供給結餘總額

在現實生活中，對社會總供給的影響因素有以下這些：

第一，生產力發展水準，特別是科技發展和應用程度。

當今社會，一個國家的社會總供給量的多少的首要決定因素就

是科學技術能力，尤其是工業技術的革新能力。而工業技術革新能力的高低又是由工業中科學技術要素的投入來決定的，這項投入以研究與開發的支出、從事研究與開發的人員這兩項指標來衡量。從目前世界各國的情況來看，發達國家對科學技術要素的這兩項投入要比發展中國家高出很多，所以這就保證了發達國家的社會總供給能力強、國民生活水準高。

究竟科技發展和應用程度對社會總供給的影響都有哪些方面呢？

科技發展和應用程度高，就可以提高勞動生產率，降低公司產品的勞動消耗，這樣就可以在現有勞動量的情況下生產出更多的產品；可以降低公司產品的自然資源耗費，從而讓有限的物質資源能提供更多的產品；同時還可以極大擴張產品供給的種類，讓新產品、新材料、新能源、新物質層出不窮。

第二，資本供應和資本費用。

在人們的生產勞動過程中，資本投資是一個不可缺少的手段。資本投資對社會生產的發展和社會總供給量的不斷增加有非常重要的作用。勞動力要和勞動手段結合起來以後才能從事生產，同時要讓先進的科學技術發揮其促進社會生產發展的作用，那就必須將其轉化為現實生產力，讓它進入到生產的過程之中。而要實現這樣的目的，那就必須有足夠數量的資本投資。

資本投資水準是高是低，既取決於投資者的投資欲望，也取決於資本供應和資本費用這些因素。當投資需求一定時，資本供應和資本費用的高低主要就是由一國的國民收入水準和個人收入水準所決定的。如果收入水準高那麼儲蓄就多，資本供應就充足，資本費

用也低，資本累積就比較容易實現，這時的社會總供給能力也比較大；反之則相反。

第三，勞動力品質。

社會總供給量受到生產水準的影響，而生產水準除了受較高的生產技術和較多的資本累積影響之外還受到人的素養的影響，特別是勞動力素養。在生產過程中，人是生產的主體，對於新技術人既是發明者，又是使用者。如果勞動力的素養高，這就可以不斷進行技術的創新和改造，同時也能讓新技術、新設備得到充分利用，從而不斷提高生產效率。於是就會讓社會的總供給能力不斷增強，物品和勞務的供給量也就開始不斷擴大。

勞動力的素養主要了包括其健康水準、適應能力、創造性、判斷力以及在生產中調動自己的積極性和團隊合作能力等，除這些原有素養外，勞動力的素養還必須加上透過訓練和教育所獲得的各種技能。

第四，生產要素組合與企業管理水準。

生產要素的組合方式對生產效率會產生直接的影響。對於那些現有的稀缺生產要素，必須以恰當的比例，在恰當的地方以恰當的方式進行組合這樣才能讓這些稀缺要素得到有效利用，才可以提高產出水準，避免造成資源浪費。

事實上，一個國家的總供給能力的強弱和企業的管理水準也有密切的關係。那些和社會總供給能力有直接或間接關係的要素比如生產成本、產品品質、生產效率、勞動組織等都需要在企業管理中得到解決。管理水準的不同就會產生不同的生產效果。如果一個企業的總體管理水準高，產出能力大，社會總供給水準就高，反之則

相反。

第五，政府及其作用。

一個國家擁有穩定政府就能增強企業和居民的信心，這對鼓勵儲蓄和對長期基本建設項目進行投資而言是有利的，可以讓保證生產擴大和社會經濟的發展，最終有利於提高社會總供給的水準。同時，政府還可以在實際中透過各種政策手段促進社會供給總量的增加。政府的促進和保護作用都是透過對一些策略產業的扶持、產業結構的調整、對公平競爭的維護和對技術進步的促進等方面來實現的。

什麼決定社會總需求

社會總需求是一個總體經濟學上的重要概念，它和社會總供給是相對的，是指一個社會對產品和勞務的需求總量。

在商品經濟條件下，社會總需求表現為有貨幣支付能力的有效需求，而這種需求往往並不只是指對商品和勞務的一種需求欲望，史重要的是對商品和勞務的支付能力。比如一些奢侈品，像 LV 包包、愛馬仕柏金包，高級鑽戒等等，這些東西對於那些富裕階層的人而言，只要喜歡就可以購買，因為他們具備這個支付能力，因為具備支付能力，所以就能讓這種需求成為現實，這就是有效需求。可是對於一個普通的小資族來說，如果有需求，想得到它，可是支付能力達不到那程度，所以是這種需要並不屬於有效需求的範疇。

那麼，社會總需求都有哪些組成部分呢？這就會涉及到統計角度的問題。

從需求使用的角度，也就是從社會總購買力可能花在哪些項目上來看，社會總需求的組成部分有：投資需求總量、消費需求總量和國外需求總量這三個部分。

從需求形成角度，也就是從影響因素和總購買力的因素來看，社會總需求的組成部分有這些：國內生產總值、儲蓄、銀行信貸收入、財政赤字、出口。

在很多時候，人們都是從需求使用的角度分析社會總需求。

因為在實際中，可以對社會總需求造成影響的有消費需求、投資需求和國外需求，因此，在這裡，我們從這三個方面對影響社會總需求的因素進行分析。

第一，影響消費需求的因素。

在日常生活中，有這些因素能對消費需求的因素造成比較重要的影響，主要包括居民收入水準、利率水準、物價水準及、心理預期和社會保障程度等。

從居民收入水準角度而言，只有當我們獲得了一定的收入，這才可能購買到自己需要的商品。當我們的收入增多，或者預期自己的薪資有一定程度的增加時，我們就可能會產生更多的消費。而站在利率的角度進行考慮，如果銀行的利息很高時，那麼就會有大部分人把錢存入銀行獲取利息，於是他們的消費便能基本上有所減少。

對於物價水準而言，如果物價水準所產生的變動和收入變動差不多的話，我們的消費還會和往常一樣不會出現大的差異，如果物價水準的變動高出我們的收入的話，我們的消費需求就會有所減少。另外，影響消費開支的因素還有價格預期，比如我們預期未來

一段時間裡物價可能會出現上漲，於是自己就可能會增加當前消費的支出；相反，我們就可能會減少當前的消費支出。另一方面，社會保障體系的健全程度，也會對人們的消費信心造成一定的影響，保障體系越健全，消費信心就會越高，同時，國家的經濟發展狀況、GDP 的成長等這些因素也會對消費產生影響。

第二，影響投資需求的因素。

對投資需求造成影響的因素有：對投資收益率的估算、技術變化、需求狀況、政府政策等多個方面。其中，對於投資收益率的估算主要就是看預期利潤率和市場利潤率。投資就是為了獲取一定的回報。如果預期利潤率大於市場利潤率，這樣的投資才可能有所收益，否則就會有利可圖；反之，就達可能達不到收益的目的，甚至還會給自己造成損失。

在社會經濟不斷發展的過程中，生產技術的革新和生產方法的變革都發揮著非常重要的作用。一種新技術、新能源或者是新市場的出現，往往會給企業帶來不少有利的投資機會，這同時也讓企業的投資動力增強。

市場的需求狀況也會影響投資。因為企業的產品和銷售狀況主要是由市場需求狀況來決定的，如果市場需求旺盛，企業的產品和銷售就比較好，就有企業就會有比較強的投資的信心，而如果市場低迷，投資就失去了基礎。

另外，政府的稅收政策、利率政策、行業政策等各項不同的經濟措施，也會對投資者的投資決策造成一定的影響。

第三，影響國外需求的因素。

國外需求主要就是產品和勞務的輸出，對這兩個方面造成影響

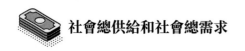

的因素也很多，比如進口國的經濟狀況、進口國對出口國所出口物品的需求程度、購買力水準等這些因素都能影響到國外的需求。

實際總供給與潛在總供給

在經濟學中，總供給和總需求是兩個很常見的詞語，可是有很多人可能沒有注意到這裡的供給其實包含了兩個範疇不同的概念：潛在總供給和實際總供給。我們通常所說的總供需關係其實就是指總需求和潛在總供給的關係。

實際總供給是波動的，而潛在總供給是一定的。換句話說，實際總供給就是我們最後見到的 GDP 實際值，對應於實際的最終產出；而潛在總供給是指在一國技術水準一定的條件下，對資源進行最有效的分配，在充分利用資本和勞動力等各種投入要素的狀況下所生產出來的產品和服務總額。短期內潛在總供給是一定的，這是因為技術進步、制度創新、管理改善等這些可以提高社會生產能力的因素需要一定的時間過程才能實現。

在現實中，實際總供給的量總是高於或低於潛在總供給。可能會有很多人不理解這是什麼原因。事實上，這個道理很簡單，因為實際供給是由市場的需求量所決定的，也就是說供需關係決定實際產出。比如企業生產的產品量的大小取決於市場需求。通常正是因為實際總供給和潛在總供給產生一定程度的偏離，所以導致經濟週期的不可逃脫性。

其中的原因是這樣的：當現實的生產能力低於潛在生產能力，現實的供給小於生產能力充分發揮時所能提供的供給時，這就可能

造成經濟的低迷和蕭條，具體的表現就是造成生產能力的閒置和浪費。而當現實的供給大於現有生產能力所能提供的供給時，又可能造成經濟過熱的現象。

社會總需求的規模和結構

社會總需求的規模和結構主要包括兩個方面的內容：

第一，投資規模和投資結構

1. 對投資規模起決定作用的因素主要有這些：社會在一定時期內的經濟成長率；消費率與累積率；所能提供的物力和人力；投資效益；經濟體制對投資主體行為的影響。

2. 投資結構及決定投資結構的主要因素

投資結構是指合理分配和使用投資及由此形成的各部分投資之間的分配比例及其相互關係。投資結構主要包括投資的部門、地區、技術、再生產、規模、主體等方面。對投資結構起決定作用的因素有：產業結構；科學教育水準；社會總生產的地區分布；技術進步；投資體制等。

第二，消費水準和消費結構

1. 消費水準（總量）及其決定因素

消費需求水準是指在一定時期內，人們實際消費的消費資料和服務的數量和品質的總和。該指標表明了消費需求得到滿足的程度。對社會消費水準造成根本制約的條件就是生產力發展水準。

2. 影響居民可支配收入轉化為消費或儲蓄的主要因素

這主要包括居民可支配收入水準；消費品價格水準的變動及價格預期；市場上適應居民消費結構的消費品的供給狀況；銀行儲蓄存款利率或資產收益率等。

3. 消費結構及其決定

消費結構是指各類消費支出在消費支出總額中所占的比重及其相互關係，它又可以分為居民家庭消費結構和社會消費結構。

影響消費結構產生變動的因素主要有：居民收入水準（這是影響消費結構的最基本的因素；恩格爾係數＝食物支出額／總收入額）；居民收入結構；價格因素；商品因素；消費者個人因素；社會對消費行為的引導；產業結構和供給結構；人口的構成（包括地區、民族、宗教信仰、年齡、性別、職業和文化教育水準等）、消費傳統和外部消費文化等。

投資必讀

在國民經濟發展過程中，保持社會總需求與總供給的平衡對於經濟的持續快速健康發展具有重要的保障作用。長期經濟建設的實踐表明，如果社會總需求過大，於是就會出現投資膨脹，經濟成長過快的現在，這些現象的發生超過了社會財力、物力、資源的承受能力，所以不會持久，最終會引起經濟的大波動，影響了經濟的健康平穩發展。因此，為了保持經濟的健康發展，就必須讓社會總需求和總供給的水準達到基本平衡的狀態。

在社會經濟發展的過程中，調整產業結構，提高社會經濟效益是保持社會總需求和總供給的需要。要保證經濟體制改革順利進

行，就應該保持社會總需求與總供給的平衡。讓經濟體制改革繼續深入良好的進行下去，就必須有一個比較穩定和寬鬆的社會經濟環境。

如果總需求過大，就會引起通貨膨脹（見通貨膨脹的投資必讀），而通貨膨脹就會導致企業生產行為和居民消費購買行為產生混亂。這種情況會破壞社會經濟秩序的穩定性，也就比如對國民的投資行為造成不利的影響。所以，為讓經濟體制改革順利進行，就要讓社會總需求與總供給達到基本平衡。

 **社會總供給和社會總需求**

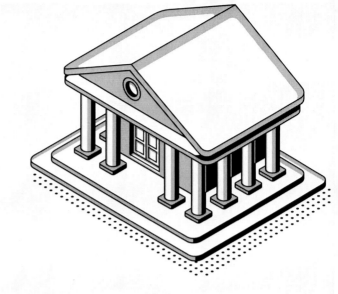

財政收入

 **財政收入**

政府實力的基礎

財政收入就是指政府為履行自己的職能、實施公共政策和提供公共財與服務需要而籌集的一切資金的總和，是政府部門在一定時期內（通常為一個財政年度）所取得的貨幣收入。要衡量一國政府的財力情況，財政收入就是其中一個重要的指標。在社會經濟活動中，政府所能提供公共物品、服務的範圍和數量，其實主要取決於政府財政收入的充裕狀況。

那麼，財政收入具有什麼重要意義呢？

第一，財政收入是財政支出的前提。

財政收入和財政支出是相輔相成的，財政支出是財政收入的目的，同時財政收入為財政支出提供了前提和保證。通常，財政支出的規模是由財政收入的數量所決定的，只有收入多才能支出多。所以，只有當生產發展了，資金累積多了，這才能為更多的財政支出打下基礎。

第二，財政收入是實現國家職能的財力保證。

國家為了讓自己的職能得到實現，就必須掌握一定數量的社會產品，而財政收入正是家資金的重要手段。它對實現國家職能的實現具有重要意義。

第三，財政收入是正確處理各方面和物質利益關係的重要方式。

其實，財政收入的取得並不是一個簡單的聚集資金的問題，在具體的操作過程中，收取多少、採用什麼方式收取，這些關係到了國家的方針政策的貫徹落實，涉及到各方面的物質利益關係的處

理。國家只有在這個過程中正確處理各種物質利益關係，才能充分調動各方面的積極性，讓資源得到最佳化分配。

財政收入的來源有哪些

一般國家財政收入的主要來源有：稅收收入、國有資產收益、國債收入、收費收入等。

第一，稅收收入。

稅收是政府憑藉其政治權利，並按照一定的標準，強制、無償取得財政收入的一種形式。稅收收入是國家財政收入的最重要的形式和最主要的收入來源。

稅收主要有五類：流轉稅、所得稅、財產稅、資源稅和行為稅。

所得稅是指以納稅人的所得額為徵稅對象的稅收，目前所徵收的所得稅主要有兩項，個人所得稅和企業所得稅。

財產稅是指以各種財產（動產和不動產）為徵稅對象的稅收，通常開徵的財產稅主要包括土地增值稅、房產稅、地價稅、契稅等。

第二，國有資產收益。

國有資產收益是指國家憑藉國有資產所有權獲得的利潤、租金、股息，紅利、資金使用費等收入的總稱。

第三，國債收入。

國債收入是指國家透過信用方式取得的有償性收入。國債收入具有自願性、有償性和靈活性的特點。

 **財政收入**

第四，收費收入。

收費收入是指國家政府機關或公司在提供公共服務、實施行政管理或提供特定公共設施的使用時，向受益人收取一定費用的收入形式。主要有使用費和規費兩種。

使用費是政府對公共設施的使用者按一定標準收取費用，比如對使用政府建設的高速公路、橋梁、隧道的車輛收取的過路費；規費是政府對公民個人提供特定服務或是特定行政管理所收取的費用，它主要包括行政收費和司法規費。因為收費收入具有有償性、不確定性的特點，所以它不是政府財政收入的主要形式。

投資必讀

從通常的情況來看，財政收入對個人投資並沒有太大的影響，可是如果財政收入中所吸納的貸款比例比較高時，（比如超過了百分之一的時候，這個比例就已經很大了），就會對投資者產生一定的影響。

比如：從國家這個層次上來看，國際金融組織的貸款每增加 1 元，這對當期的私人投資是沒有影響的，而中期的私人投資將會有 0.14 元的減少額，而長期的私人投資將會有 3.13 的增加額。所以，從國家層次來看，貸款對私人投資的影響並不明顯。

從層次來看，如果貸款流入每增加 1 元，當期的私人投資會增加 0.44 元，而中期的私人投資會有 2.04 元的增加額。貸款流入對投資水準的影響主要有三個方面：

第一，貸款專案本身所具備的示範效應和消費效應可以激發私人投資的積極性；

第二，貸款項目比較集中，主要涉及到基礎設施等領域，這可以讓投資環境得到改善；

第三，各級政府為了吸引私人投資，便可以採用減稅的手段，而貸款則可以成為減稅的工具。所以，貸款的流入可以達到私人投資的作用。

 **財政收入**

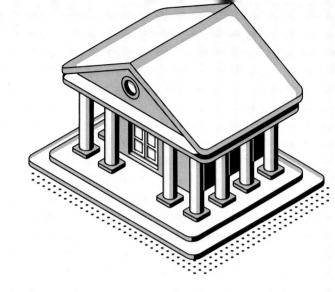

財政支出

 財政支出

財政支出的分類

財政支出也稱公共財政支出，是指在市場經濟條件下，政府為提供公共產品和服務，滿足社會共同需要而進行的財政資金的支付。其實，財政支出就是國家對財政收入進行分配和使用的過程，它是整個財務分配活動的第二階段。

將財政支出的內容進行合理的歸納，這樣就能準確反映和科學分析支出活動的性質、結構、規模以及支出的效益和產生的時間。具體而言，財政支出的分類方法有下列這幾種：

第一，按經濟性質分類。

這種方法可將財政支出分為生產性支出和非生產性支出。

所謂生產性支出是指與社會物質生產直接相關的支出，比如支援農村生產支出、農業部門基金支出、企業挖潛改造支出等，而非生產性支出則是指與社會物質生產無直接關係的支出，比如國防支出、武裝員警部隊支出、文教衛生事業支出、撫恤和社會福利救濟支出等等。

第二，按照財政支出是否能直接得到等價的補償分類。

這種方法可將財政支出分為購買性支出和轉移性支出。購買性支出同時又稱為消耗性支出，是指政府購買商品和勞務，這主要包括購買日常政務活動所需要的或者進行政府投資所需要的各種物品和勞務的支出，由社會消費性支出和財政投資支出這兩部分組成，是政府的市場性再分配活動。這種做法能對社會生產和就業產生比較大的影響，對資源分配有較強的執行能力。在市場上遵循定價交換的原則，因此購買性支出展現的財政活動對政府能形成較強的效

益約束。

轉移性支出是指政府按照一定方式，將一部分財政資金無償的、單方面轉移給居民和其他受益者，它主要包括了社會保障支出和財政補貼兩個組成部分。它是政府的非市場性再分配活動，也對收入分配有比較大的影響，對收入分配有較強的執行能力。

第三，按最終用途分類。

從靜態的價值構成上來說，可以將財政支出分為補償性支出，累積性支出和消費性支出三類。補償性支出主要是對生產過程中固定資產的耗費部分進行彌補的支出，比如：挖潛改造資金。累積性支出是指最終用於社會擴大再生產和增加社會儲備的支出，比如基本建設支出、工業交通部門基金支出、企業控潛發行支出等，這部分支出有著非常重要的作用，它是社會擴大再生產的重要保證；消費支出是指用於社會福利救濟費等，這部分支出對提高整個社會的物質文化生活水準可以產生重大作用。從動態的再生產角度而言，可以將財政支出分為投資性支出和消費性支出。

第四，按財政支出與國家職能關係分類。

這種方法可將財政支出分為：

1. 經濟建設費支出，主要包括基本建設支出、流動資金支出、地質勘探支出、國家物資儲備支出、工業交通部門基金支出、商貿部門基金支出等；

2. 社會文教費支出，包括科學事業費和衛生事業費支出等；

3. 行政管理費支出，包括司法支出、憲兵部隊支出等；

4. 其他支出，包括國防支出、債務支出、政策性補

 **財政支出**

貼支出等。

第五，按國家預算收支科目分類。

可分為一般預算支出、基金預算支出、專用基金支出、資金調撥支出和財政周轉金支出。財政總預算會計對財政支出的核算按國家預算支出科目分類。

第六，按財政支出產生效益的時間分類。

這種方法可以將財政支出分為經常性支出和資本性支出兩類。

這裡的經常性支出是指維持公共部門正常運轉或保障人們基本生活所必需的支出，它是由人員經費、公用經費和社會保障支出這三部分組成的。它所具備的特點是所使用的消耗會讓社會直接受益或當期受益，直接構成了當期公共物品的成本，按照公平原則中當期公共物品受益與當期公共物品成本相對應的原則，經常性支出可以用稅收的方式進行彌補。

資本性支出是用於購買或生產使用年限在一年以上的耐久品所需的支出，它們耗費的結果將形成供一年以上的長期使用的固定資產。一般可以用稅收和國債這兩種方式對資本性支出進行補償。

財政支出的應用項目

財政支出的應用，總的來說主要有這些方面：

第一，保證國家機器正常運轉、維護國家安全、鞏固各級政府政權建設的支出，如行政管理、國防、外交、治安、司法、監察等方面的支出。

第二，維護全社會穩定，提高全民族素養，外部社會效應巨大

的社會公共事業支出，如社會保障、科技、教育、衛生、文化、濟貧等方面的支出。

第三，有利於經濟環境和生態環境改善，具有巨大外部經濟效應的公益性基礎設施建設的支出，如水利、電力、道路、橋梁、環保、生態等方面的支出。

第四，目前經濟正處在轉軌時期，在市場機制還不完善的條件下，國家對總體經濟運行還應有必要的管制，財政也要留有一定的財力，對經濟活動進行適當的干預。

財政支出應用項目具體來講包括：

1. 基本建設支出。

指按國家有關規定，屬於基本建設範圍內的基本建設有償使用、撥款、資本金支出以及經國家批准對專項和政策性基建投資貸款，在部門的基建投資額中統籌支付的貼息支出。

2. 地質勘探費用。

指國家預算用於地質勘探公司的勘探工作費用，包括地質勘探管理機構及其公司經費、地質勘探經費。

3. 科技費用。

指國家預算用於科技支出的費用，包括新產品試製費、試驗費、重要科學研究補助費。

4. 支援農村生產支出。

指國家財政支援農村各項生產的支出。包括對農村水土保持措施的補助費，對農村舉辦的小水力發電廠的補助費，抗旱的補助費，農村開荒補助費，扶持鄉鎮企業資金，支援農村合作生產組織資金、農村農技推廣和植保補助費，農村草場和畜禽保護補助費，

農村造林和林木保護補助費，農村水產補助費，發展糧食生產專項資金。

5. 農林水利氣象等部門的事業費用。

指國家財政用於農墾、農場、農業、畜牧、農機、林業、森工、水利、水產、氣象、鄉鎮企業的技術推廣、良種推廣（示範）、動植物（畜禽、森林）保護、水質監測、勘探設計、資源調查、幹部訓練等項費用，園藝特產場補助費，專業學校經費，營林機構、氣象機構經費，漁政費以及農業管理事業費等。

6. 工業交通商業等部門的事業費

指國家預算支付給工交商各部門用於事業發展的人員和公用經費支出，包括勘探設計費、專業學校經費、技術學校經費、幹部訓練費。

7. 文教科學衛生事業費。

指國家預算用於文化、出版、文物、教育、衛生、中醫、醫療、體育、檔案、地震、海洋、通訊、電影電視、計畫生育、幹部訓練、自然科學、社會科學等項事業的人員和公用經費支出以及高技術研究專項經費。主要包括薪資、補助薪資、福利費、離退休費、助學金、公務費、設備購置費、修繕費、業務費、差額補助費。

8. 撫恤和社會福利救濟費。

指國家預算用於撫恤和社會福利救濟事業的經費。包括由民政部門開支的烈士家屬和犧牲病殘人員家屬的一次性、定期撫恤金，各種傷殘補助費，烈軍屬、復員退伍軍人生活補助費，退伍軍人安置費，優待和撫恤公司經費，烈士紀念建築物管理、維修費，自然

災害救濟事業費和特大自然災害災後重建補助費等。

9. 行政公司離退休支出。

指實行統籌管理的行政公司離退休經費。

10. 社會保障補助支出。

指國家預算用於社會保障的補助支出，包括對社會保險基金的補助、促進就業補助、國有企業離職職員補助、補充社會保障基金等。

11. 國防支出。

指國家預算用於國防建設和保衛國家安全的支出，包括國防費、國防科研事業費、建設以及專項工程支出等。

12. 行政管理費。

包括行政管理支出，團體補助支出，外交支出，安全支出，司法支出，法院支出，檢察院支出和辦案費用補助。

13. 政策性補貼支出。

指經國家批准，由國家財政撥給用於價格補貼支出。主要包括平抑物價和儲備糖補貼，農業生產資料價差補貼，糧食風險基金，副食品風險基金，地方煤炭風險基金等。

14. 債務利息支出。

指國家預算中用於償還外債務利息的支出。

投資必讀

國家的財政支出對個人投資有什麼影響？其實，這個影響不但包括凱因斯總體經濟理論所提出的與利率有關的排擠效果，而且包

括和利率無關的排擠效果,同時,隨著時間的推移,財政支出對個人投資的影響還會表現出不同的效應。

通常情況下,在短期內表現的是直接排擠效果。這裡所說的「直接排擠效果」是指國家為了推行擴張性的財政政策,向企業、居民、商業銀行等借款而引起的政府和私人部門在借貸資金需求上的競爭,因為在這樣的競爭中政府的優勢更突出,所以在資金供應一定的情況下,私人部門投資需求的資金供應就會減少,於是就形成了對私人投資的排擠效果。這種排擠效果也不需要其他的中間變數進行傳導,同時在時間順序上最先表現出來。

而中長期則是間接排擠效果和間接擠入效應的綜合作用。間接排擠效果簡單來說其實就是以利率作為中間變數而進行傳導的。

間接擠入效應是指:政府在基礎設施領域的投資會讓投資環境出現明顯的改善,這樣就會降低私人的投資成本,於是即便收益既定,企業的利潤也會增加,從而就可以提高個人投資的積極性,也可以讓私人部門的投資水準得到提高;政府對基礎設施領域的投資力度加大這樣又會讓與之相關行業的需求增加,從而讓這些出現了新的投資機會,也就必然增加了個人投資在這些領域的投放力度。因為上述兩種作用都不是直接表現的,而是依靠成本和中間行業進行傳遞實現的,所以稱為「間接擠入效應」。

國家的財政支出對個人投資在長期均衡關係上表現為擠入效應,事實上這種擠入效應就是間接排擠效果和間接擠入效應的綜合反映。

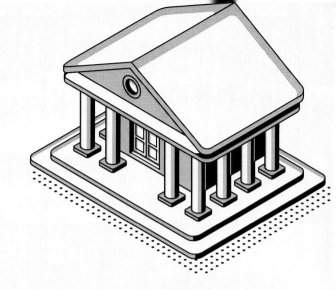

社會消費品零售總額

社會消費品零售總額反映了什麼資訊

我們首先看看什麼是社會消費品零售總額：批發和零售業、住宿和餐飲業以及其他行業直接售給城鄉居民和社會集團的消費品零售額。

這裡所涉及的對居民的消費品零售額是指售予城鄉居民用於生活消費的商品金額；對社會集團的消費品零售額是指售給機關、社會團體、部隊、學校、企業、居民委員會或村委會等，公款購買的用作非生產、非經營使用與公共消費的商品金額。

社會消費品零售總額反映了一定時期內人民物質文化生活水準的提高情況，同時也反映了社會商品購買力的實現程度和零售市場的規模狀況。

在這裡，我們還需明白消費和消費品這兩個概念。所謂的消費是指人們消耗了物質財富以滿足生活消費的過程，消費品則是指用於生活消費的商品，是相對於生產資料而言。可是在實際的統計過程中，往往會很難對消費行為與消費品做出一個簡單明瞭的界定，比如對汽油、木材、食鹽等商品進行分類很容易，但如果需要確定它們的最終消費用途時這就變得很難了；而且居民建房的建築材料也是社會消費品總額的一個組成部分，居民自產自用的產品則不屬於社會消費品的總額的範圍，比如農民自產自用的農牧產品等。

還應該引起注意的是社會消費品零售總額並沒有包括教育、醫療、娛樂等服務消費。所以，這個指標並不能完整、準確反映出城鄉居民和社會集團的實物商品消費情況，更不能和最終消費需求等同。

事實上，國民經濟核算的最終消費指標或城鄉居民消費支出和社會集團消費支出是用來全面反映最終消費需求（包括實物商品消費與服務商品消費）狀況的最好指標。因為從當前的實際情況來看，實物商品消費消費中占有的比重是非常高的，這樣社會消費品零售總額與最終消費支出的變動趨勢也是比較一致的。

社會消費品零售總額也能用來反映消費的變化趨勢，同時展現出消費品市場的冷熱狀況，還能將其作為觀察經濟景氣狀況的指標。另外，社會消費品零售總額都是以月為公司進行統計的，它在整個經濟指標中是唯一能夠按月度來反映消費方面變化的指標。經濟部門要觀察消費需求走勢變化和消費品市場冷熱狀況，就離不開社會消費品總額這個重要指標。

社會消費品零售總額按照不同的分類方式可以進行分類，這有助於我們對這個概念進行更深層次的了解。

第一，按消費形態分。

這種方式可以將社會消費品零售總額劃分為商品零售和餐飲收入兩部分。其中的商品零售是指售賣非生產、非經營用實物商品的金額，這部分主要包括批發和零售業零售額、限額以上住宿和餐飲業商品銷售額；餐飲收入是指提供餐飲服務所取得的收入金額，該部分主要包括限額以下住宿和餐飲業零售額、限額以上住宿和餐飲業餐費收入。

第二，按行業分。

在實際的商業統計過程中，通常將社會消費品零售總額分為商業零售額、飲食業零售額、工業零售額這些部分。

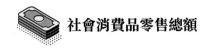

第三，按經濟類型分。

根據不同的經濟類型，社會消費品零售總額可以分為全民所有制經濟零售額、集體所有制經濟零售額、個體經濟零售額、中外合資和外資獨資經濟零售額等。

第四，按銷售對象分。

因為銷售對象的不同，社會消費品零售總額可以分為對城鄉居民的消費品零售額、對社會集團的消費品零售額、對農村的農業生產資料零售額等。

第五，按商品類別分。

這樣可以將社會消費品零售總額分為食品類零售額、日用品類零售額、文化娛樂品類零售額、衣著類零售額、醫藥類零售額、燃料類零售額、農業生產資料類零售額等。

社會消費品零售總額越多越好嗎

社會消費品零售總額之所以能出現大幅成長，這主要是由於相關政策促進了城鄉居民收入大幅度成長，從而讓整個市場消費表現活躍，這基本上擴大了內需，有利於經濟發展。但與此同時，這也暴露了一些其他方面的問題。比如：消費成本增加。因為市場上商品物價在不斷提高，隨之而來的就是上升的消費成本。無論是食品類消費，還是其他方面的消費，總之，從吃、穿、住、行等方面總體來看，這些消費的成本都出現了不同程度的增加，讓我們的生活壓力開始加大。

一般來說，市場上出現物價上漲，這和上游的基礎商品材料的

價格波動有很大的關係，比如肉類、糧食、石油、煤炭等這些基礎商品出現價格上漲，那麼我們在生活和生產過程中的各項成本勢必增加，企業在生產過程中就會遇到很多的困難，因為原材料價格出現了上漲，所以它們的生產成本就會增加，企業的利潤空間壓縮，這會對企業的正常運營帶來一定的壓力。

社會消費品零售總額的上升也和通貨膨脹的經濟環境有一定的關係。這是因為社會消費品零售總額過高通常和國家寬鬆的經濟政策、在市場上的貨幣投放量過大有一定的相關性。所以，在觀察社會消費品零售總額的時候，還應該將它和物價等綜合經濟資料考慮結合起來進行考慮，這對經濟發展更有利。

投資必讀

在實際生活中，有很多經濟指標通常被人們所熱議，可是人們對社會消費品零售總額這個經濟指標的關注比較少。但是這並不表明它和投資理財沒有關係。因為在拉動拉動國民經濟成長的中，消費占據著非常重要的地位，它是推動經濟長期穩定成長的根本動力，有了消費需求，才能刺激投資和生產的成長。

社會消費品零售總額作為反映消費需求狀況的常用指標，它其實在分析研究一個階段內內社會商品購買力的實現程度、居民生活水準、社會生產、貨幣流通及物價趨勢等方面的問題時，都是關鍵性的指標。

我們之所以要使用社會消費品零售總額指標來研究消費品市場和消費需求的變化，是因為這樣做對我們的投資理財決策有很大的幫助，能讓我們的投資理財更有效。所以，我們需要從以下幾個幾

個方面對社會消費品零售總額進行全面的把握。

第一，社會消費品零售總額只是大體反映實物商品消費，並不能將全部的消費反映出來。人們往往在解讀和實際使用的過程中會把社會消費品零售總額所反映的消費看作是全部消費，這是不對的。

因為這項指標反映的只是報告期個人和社會集團的實物商品總量，所以只包括了個人和社會集團的透過各種流通管道和環節所購買的商品，而並沒有反映出一些未經交易取得商品的行為，同時也沒有反映出居民和社會集團用於教育、醫療、文化、藝術、娛樂等方面的服務專案的消費支出，對於生產資料市場的各種變化情況也沒有反映。

第二，社會消費品零售總額主要有兩個組成部分：個人所購買的實物商品，社會集團所購買的實物商品。在實際生活中，居民的實物性商品消費支出所產生的變化會對社會消費品零售總額造成較大的影響，可是社會集團因為從事公務活動和商務活動，從而也會帶來大量的實物商品消費需求，這也能對社會消費品零售總額造成巨大的影響。另外，從國外入境的人員（含旅遊、探親、公商務活動等）購買實物商品，也展現在這一指標中得到了展現。

第三，社會消費品零售總額的成長所出現的變動事實上存在著個體感受和總體變化並不一致的情況。對於我們而言，居民的消費既包括了農村居民，同時也有城鎮居民：既有高收入的家庭，又有低收入的家庭；既包括了生活在較發達地區的沿海居民，也包括了生活在相對欠發達地區的內地居民。人們的消費行為和消費習慣、消費結構等方面都存在很大的不同。

社會消費品零售總額是一個總量的概念，它的成長反映的是各地去零售環節實物商品消費的平均水準。因為個體和總體之間存在著差異，所以不同的人對社會消費品零售總額增減所產生的變化會出現不同的感受。在實際生活中，個人的體感受總會和平均水準的實物消費成長水準的表現呈現出一定的差異。

第四，從長期來看，社會消費品零售總額和居民的收入變動是一致的，而從短期來看則不一定會完全吻合。個人的實際收入情況影響和決定支出，收入是支出的基礎。因為居民對於實物商品的購買形成了社會消費品零售總額的絕大部分，所以我們從長期來看，社會消費品零售總額和人們收入變動的趨勢是一致的。

從另一方面來看，居民收入和支出之間具有存時間和數量上的間隔，也就是說人們當期的收入不一定完全會用於當期的支出，而當期的支出也不一定完全是當期的收入中來的，同時還受到集團消費因素的影響，所以，在短期內，社會消費品零售總額和居民收入變動方向和幅度之間通常都有一定的差異。

第五，社會消費品零售總額的成長存在一定的剛性和滯後性。具體而言，社會消費品零售總額這個經濟指標的變化通常會受人口成長、個人基本生活消費和社會集團基本公共消費等基礎性（剛性）因素的影響，所以，它的成長變化通常都比較穩定。

與此同時，因為經濟的波動總是先從生產、建設等這些領域開始，然後逐漸擴散到消費領域，所以，和生產、建設等統計指標相比之下，社會消費品零售總額的成長具有一定的滯後性。

總而言之，社會消費品零售總額和居民的收入、消費支出、主要消費品的生產速度以及一些行業的稅務指標等都有比較密切的關

社會消費品零售總額

聯性,是總體經濟運行過程中的一個非常重要的經濟統計指標。所以,當我們進行投資理財的時候,一定先要弄明白社會消費品零售總額和相關指標的關係,為自己的投資理財做出比較合理的決策。

消費者信心指數（CCI）

消費者信心指數（CCI）

消費者信心指數的概念及內涵

要了解消費者信心指數，我們先來了解一下消費者信心的概念。消費者信心（英文全稱為 Consumer Confidence）是指消費者根據國家或地區當前的經濟發展形勢，對就業、收入、物價等問題的綜合判斷後對得出的一種看法和預期。全球的很多國家都將消費者信心作為一個非常重要的市場預測指標。

消費者信心指數是由兩部分構成的，包括消費者滿意指數和消費者預期指數。其中消費者滿意指數和消費者預期指數又分別由一些二級指標構成，比如收入、生活品質、總體經濟、消費支出、就業狀況、購買耐用消費品和儲蓄的滿意程度與未來一年的預期及未來兩年在購買住房及裝修、購買汽車和未來 6 個月股市變化的預期。

消費者信心指數這個指標的設定目的主要是為了解消費者對經濟環境的信心強弱程度，從而就可以反映出消費者對經濟的看法以及購買的意向。這些都是消費者對經濟現狀和就業市場的評價。消費者信心其實從根本上來說是消費者本人對自己家庭收入水準的估價和預期反映，這種估價和預期的出現，在通常情況下都是由消費者本人對各種制約家庭收入水準因素不同認識而形成的。

這些因素主要有：國家或地區的經濟發展形勢、失業率、物價水準、利率等。在生活中，這些因素出現了不同程度的變動，那必然會讓消費者信心的（或情緒）出現一定的變化，而消費者信心（或情緒）的變化也就可以讓他們的消費決策產生相應的改變，這些變化最終會影響經濟發展的進程。

　　而事實上，消費者信心指數也有一定的「泡沫」。因為從現實的物價情況來看，消費者信心指數很明顯與消費水準不在同一個水平線上。一旦物價上漲很快，僅僅以消費者信心指數來衡量人們的消費水準，不免存在一定程度的牽強附會。現在的食衣住行，與幾年前簡直就不能同日而語，因為物價上漲很快，可是對於消費者而言，自己的薪資收入卻沒有產生多大的上漲。他們在消費的時候，有時可能是很被動的。對於那些買得起的東西，可以買這完全可以理解，而買不起的，一旦有要用得著的地方，也不得不咬緊牙關去買。從這些方面來看，以簡單的消費者信心指數來衡量人們的消費水準是有漏洞的。

　　消費者的信心指數的高低在基本上於物價有直接的關係。但是不論物價是高是低，我們都需要消費，所以，在現實生活中，有很多消費者是都是過度消費，比如現在買一間房子，這就可能就要背上巨額房貸，當上「房奴」，對於消費者而言，出現這些情況並不僅是「消費指數」居高可以解釋的，這樣的超前消費會讓消費者背上「消費指數」這座大山來被動的消費。

　　對於消費者而言，消費者信心指數只能做個參考標準，具體的消費自主權還是掌握在廣大消費者手中，不應該盲目進行消費。

投資必讀

　　當消費者信心指數出現上升的時候，反映經濟發展良好，這對貨幣是有利的。相反，在消費者的信心指數出現下降的時候，反映經濟發展偏弱，這對於貨幣而言是不利的，在這種市場環境下，投資者可以綜合考慮多種因素，進行適當比例的黃金投資。

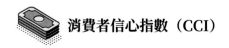 **消費者信心指數（CCI）**

　　如果遇到消費者信心指數上升，而貨幣出現貶值的情況時，投資者就可以從其他方面進行考慮，因為影響貨幣的因素有很多種，當另一個因素具有更強的決定性作用時，就算該指數對貨幣利好，也會導致貨幣貶值。

　　再次需要明確的是，在投資理財的過程中，需要了解的是全面的市場情況，所以就不應該只對一個因素加以考慮，要對那些普遍現象進行全面、客觀的分析。

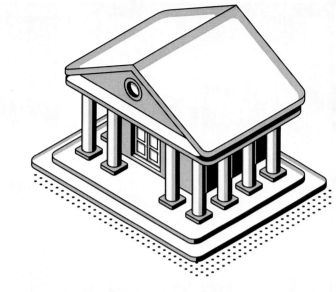

大宗商品價格指數
（CCPI）

誰擁有大宗商品價格的定價權

缺少國際大宗商品的定價權，主要是因為期貨市場發展不充分，商品期貨市場仍是境內市場，沒有對外開放。而在國際大宗商品貿易過程中，所採用的定價依據都是國際商品期貨市場的價格。

另外，商品期貨市場品種較少，對經濟的服務程度還不夠，而且所覆蓋的產業面也不夠完善。

當時，美國宣布了量化寬鬆政策，該政策剛剛還不到一週時間，芝加哥期貨交易所大豆期貨價格就出了大幅上漲，漲幅達到了8.20%，在芝加哥期貨交易所大豆價格上漲的影響下，大豆期貨價格也出現了上漲，漲幅為 4.88%。

事實證明，美國大豆期貨對市場大豆期貨價格的拉動彈性係數約為 60%；馬來西亞棕櫚油期貨價格上漲了 10.5%，於是也造成市場棕櫚油期貨價格出現了上漲，漲幅 8.0%，這表明馬來西亞棕櫚油期貨對市場棕櫚油期貨價格的拉動彈性係數約為 76%。

有的專家認為市場在國際大宗商品交易中出現話語權缺失與貨幣不能自由兌換有關，有的認為與產業參與程度不高、與國家的實力有關，還有的認為與期市本身運行品質有關、與期市開放程度有關。當然，這些分析確實有一定的道理，可是並沒有找到這個問題的本質。

比如在 1990 年前後，英國倫敦金屬交易所（LME）的金屬期貨合約都開始採用美元報價和結算，但倫敦作為全球金屬定價中心的地位並沒有因此而受到削弱。

所以，我們需要做得就是要把市場交易所做大做強、在條件和

時機成熟時實施走出去策略。

第一，應該進一步加強期貨市場的建設，擴大期貨市場的影響力，使其可以真正引導市場商品生產和消費；

第二，當今全球範圍的交易平台兼併整合非常頻繁，很多國家都透過對國外交易所進行入股併購、在全球範圍內設定交易終端等手段來爭奪國際話語權。

倘若可以在加強期市建設、發揮期市對國民經濟影響的同時，實施走出去策略，讓期貨市場的影響透過國際的交易所平台擴大到全世界，這對提高我們在全球大宗商品貿易中的話語權而言是非常重要的，而且可能會取得更為顯著的成果。

大宗商品價格波動監測預警體系的意義及內容

目前，社會正處在不斷發展的重要階段，工業化、城鎮化正再進一步加深，對能源、基礎原材料等大宗商品的需求也越來越旺盛。因為資源有限，不能完全滿足日益成長的需求，所以就必須依靠進口大宗商品來解決資源短缺的問題，這樣造成對國際大宗商品的依存度逐漸升高。

近年來國際大宗商品的價格波動劇烈，對市場物價水準造成很大的衝擊，而且基本上對經濟穩定發展造成了不良影響。站在長遠的角度來看，經濟成長有很大的潛力，發展趨勢良好，所以對大宗商品的需求將繼續保持較快成長。而且大宗商品屬於初級產品，比如鐵礦石、煤炭、石油等，它們在市場上也很難找到替代品，所以總體經濟發展過程中，經常會因為這些商品的價格波動而影響經濟

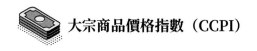

發展。

在這個背景下，我們就很有必要深入分析國際大宗商品價格與價格水準之間的聯繫，找到降低國際大宗商品價格波動的具體措施，這樣對物價的平穩也是非常有利的。

通常情況下，國際大宗商品價格對通貨膨脹的影響程度主要取決於一國與全球大宗商品市場有直接聯繫的部分在國民經濟中所占的比重。從情況來看，因為對國際大宗商品的需求呈現出上升趨勢，所以就造成了相關行業對外依存度也開始不斷上升，相關產品的價格越來越多的受到國際大宗商品市場波動的影響，從而對物價水準產生影響。其實，國際大宗商品價格波動對通貨膨脹形成的壓力屬於輸入型通貨膨脹的範圍，這種影響是價格機制中最為典型、最為突出、也是影響最為深刻的展現。

對於輸入型通貨膨脹而言，它的本質事實上就是「成本推動型」通貨膨脹。因為進口大宗商品屬於上游產品，它們的價格如果出現了上漲，就會導致企業的成本增加，那麼中下游產品價格畢業就會出現上漲，從而引起一般物價水準的上漲。從這方面來看，國際大宗商品價格的上漲引起通貨膨脹的本質就是「成本推動型」通貨膨脹。

國際大宗商品價格波動對通貨膨脹會造成一系列的影響，這就是大宗商品價格波動的傳導機制。國際大宗商品價格波動對通貨膨脹的傳導通常都需要經過一系列環節，其中每個環節都會對最終的傳導效果產生影響。定價權缺失這種情況發生，是由這些原因造成的：一是大宗商品的相關行業集中度不高，在參與國際價格談判的時候就不能發揮出整體力量，所以對價格的影響力較弱；二是企業

對期貨市場的參與度也都很有限;三是其他制度性因素,比如行業管理缺席、缺乏良好協調、缺乏熟悉國際市場經營的行業協會,還沒有建立一個完整的國際大宗商品資訊披露機制,與此同時,企業決策機制僵化也會造成對大宗商品的缺失定價權。

國際大宗商品波動在傳導主要有四個管道。

一是直接消費管道。因為部分大宗商品本身就具備最終產品的性質,比如大豆、玉米等這些農產品,當它們進入消費領域後,就能對的相關產品的價格造成直接的影響,使同類產品隨之波動。

二是生產管道。在國際大宗商品價格上漲對價格傳導中,從生產管道的傳到是主要管道。因為企業要實現自己的預期利潤,所以當原材料出現了上漲,他們必然就會將上漲帶來的額外經濟負擔轉嫁到產品價格中,於是產品的價格就會出現上調,並沿著產業鏈傳導至下游企業和最終消費者。

通常製造業產值在 GDP 中占有很高的比重,而且原材料成本在製造業中所占的比重要比勞動力成本大,所以對國際大宗商品需求量大的企業在生產過程中,很容易受國際大宗商品價格波動的影響而使本企業的成本上漲,進而影響到產品出廠價格。

三是預期管道。因為大宗商品具有稀缺性,從實際中來看供給明顯不足,所以當價格上漲預期形成,那麼就很難在短期內出現回落。當國際大宗商品出現了持續上漲的情況,這樣就會讓人們預期未來大宗商品價格還會出現上漲。於是在在各種交易、合同投資中,人們為了避免造成過大的經濟損失就會將未來的大宗商品價格上漲預先計算進去,這樣就引起了現行產品價格水準的提高。

四是擴散管道。大宗商品價格上漲在逐漸擴散,於是上漲的影

響就會由本部門傳到其他部門，從而引起社會各部門產品價格的出現普遍上漲。在這個時候，工人或企業經營者會要求提高薪資和其他福利待遇，於是企業的生產成本和產品價格也會得到提高，造成物價再次上漲。

大宗商品價格波動監測預警指標體系和預測方法

要對大宗商品價格建立一個監測預警體系，真正做到科學、系統的、有針對性檢測體系。有了大宗商品的價格波動檢測預警體系，我們就能它進行正確判斷和預測價格波動，同時也能進行價格風險預警。這對經濟平穩運行和企業的發展是非常有利的。

第一，要建立這個指標體系，我們就應該應盡可能的遵循下面這些原則

1. 科學性和實用性

對於指標體系的設計，一定要建立在科學的基礎上，這就是說需要選取的相關指標要能夠準確反映其所代表的監測預警對象的本質特徵。

對於指標的定義、性質和內涵要有明確的認識，對於各項指標的取捨也要有充分的依據，同時還要注意計算方法要科學合理，而且要有較強的可操作性。另外，指標體系要做到繁簡適中，重點突出，所需要的各項資料要有較強的可獲得性、可度量性和可比性。

2. 系統性和層次性

大宗商品價格的形成和波動，通常都是各種因素共同作用和相互作用的結果。不論價格從穩定到波動還是從正常到異常，並不是

單一的因素就能決定的。於是，在這些因素的共同影響下，商品的價格波動常常會具有突發性、動態性和不確定性等特點。從這些特徵可以反映出，要建立一個合理的價格監測預警體系是不容易的，它是一個比較複雜的系統，內部存在非線性的多重回饋結構。

3. 全面性和適用性

在建立價格監測預警體系的過程中，所選取的相關指標要能夠全面反映監測預警對象，這是因為指標體系涵蓋是否全面會對監測預警的品質造成直接影響。此外，因為監測預警對象有各自的特點，所以在設計指標體系的過程中，應該考慮選擇的對象不同，就要選擇不同的評價指標，最好做到讓指標和研究對象的性質相吻合，這樣的監測效果會更好。

在實際中，監測預警的對象通常總會隨著時間的推移和經濟形勢的發展變化而產生變化，這就要求所選取的指標也應根據情況進行適當的調整。

要做好價格監測預警工作，還應該注意的就是對國際市場態勢和價格波動等問題的預測。這時，具有較高準確度的預測結果就是監測預警工作的關鍵因素之一。而實際中很多大宗商品的價格波動與影響因素之間又有著非常複雜的動態關係，所以，我們在預測的時候就需要採用的一些較為成熟的、先進的預測方法。

第二，通常的主要預測方法

1. 專家預測方法

專家預測法就是指透過系統調查，在徵詢了相關專家之後，按照專家提出的意見分析和整理出預測結果。專家預測方法主要有腦力激盪法、德爾菲法、主觀機率統計預測法等。在這些方法中，德

爾菲法是最具權威性和有效性的一個方法，因為它是一種基於專家意見的加權組合預測方法，該方法通常會吸收幾種專家預測法的長處，所以是比較成熟的一種方法。

　　一般情況下專家預測法的使用範圍是：當缺乏完整可靠的歷史資料、存在大量難以量化的資訊、定量預測方法難以做出較為準確預測的時候。當這些情況出現，使用專家預測方法是比較好的選擇。當然，這種方法通常會受到專家的知識、經驗、心理狀態和綜合分析能力等主觀因素影響，而且也難以從數量上提出比較精確的描述，這些都是該方法的局限性。如果缺乏專家支援或需要進行進行長期連續預測，那就可以考慮採用定量的經濟預測方法。

2. 類比推理預測方法

　　類比推理預測是對預測對象和參照對象作類比推理而產生的一種預測思路，該方法所運用的主要原理就是類推性原理。透過類推性原理，可以把預測問題轉化為對參照對象的研究，而這個參照對象都比預測對象超前發生，所以透過對參照對象進行研究，這可以對預測對象做出一定的預測。也就是說如果預測對象同參照對象之間有一定的相同或相似的結構和發展模式，這樣就可以推斷預測對象未來的發展狀況。

　　類比推理預測的方法使用範圍比較廣，它既適用於同類對象之間的類推，也可以適用於不同對象之間的類推。使用該方法的關鍵是要分析樣本之間是否存在相同或相似之處。該方法的好處就是推理過程清晰，使用它可以對經濟系統的連續動態做出預測。但是，該方法在使用的時候需要有大量代表性案例；同時，因為類比推理的結論具有或然性，所以在具體過程中要注意提高其結論的可

靠性。

3. 因果關係預測方法

該方法的實質就是透過事物發展的因果關係來推測事物發展的趨勢。在現實生活中，會有多種因素對經濟活動行程影響和制約。所以，要研究經濟變數（因變數）的行為，就需要從因果關係出發，找出影響該變數的主要因素（引數），透過建立數學模型來擬合因變數與引數之間的因果關係，然後根據引數的變化趨勢，預測因變數的變化趨勢。

因果關係建模預測法在具體執行的過程中，要具有比較完整的資料和系統，通常也具有較大的計算工作量。此外，採用基於歷史資料回歸的因果關係預測法往往存在一定的誤差。所以，在應用這種方法進行預測的時候，就一定要注意控制模型的規模，同時也要理清系統中各要素相互之間的關係。

4. 時間序列預測方法

在實際中，經濟現象非常複雜，往往在很多時候不容易找到影響預測目標的主要因素；而有時就是找到了主要影響因素，也可能缺乏必要的統計資料。在這些情況下，我們就可以考慮採用時間序列預測法。

時間序列預測方法也稱為外延法，在經濟預測領域，該方法的應用是非常廣泛的。這種方法在應用的時候，不需要考慮經濟變數間的因果關係，只考慮變數自身隨時間的變化規律。採用變數的歷史統計資料，建立時間序列模型進行引申外推，預測其發展趨勢。這種方法所採用的基本思想是這樣的：透過時間序列的歷史資料研究出現象隨時間變化的規律，同時將這種規律延伸到未來，對未來

做出預測。

時間序列預測法的優勢就是簡單易行，便於操作，只是其使用的是歷史資料，所以通常使用這種方法進行短期預測是比較有效的。

投資必讀

對於大宗商品的投資，通常主要表現對期貨的投資上。為此，我們就需要對期貨有個比較完整系統的了解。

第一，我們首先了解一下期貨的分類

總體上來說，期貨大致可以分為兩大類：商品期貨與金融期貨。商品期貨中的主要品種可以分為農產品期貨、金屬期貨（包括基礎金屬期貨與貴金屬期貨）、能源期貨三類；金融期貨中的主要品種可以分為股指期貨、利率期貨（包括中長期債券期貨和短期利率期貨）和外匯期貨。

1. **農產品期貨**：棉花、大豆、小麥、玉米、白糖、咖啡、五花肉、菜籽油、天然橡膠、棕櫚油等都屬於農產品期貨。

2. **金屬期貨**：銅、鋁、錫、鋅、鎳、黃金、白銀等都屬於金屬期貨。

3. **能源期貨**：原油、汽油、燃料油等都屬於能源期貨。新興品種包括二氧化碳和二氧化硫。

4. **股指期貨**：指以股票指數為標的物的期貨。雙方交易的是一定期限後的股票指數價格水準，透過現金結算差價來進行交割，如英國富時 100 指數、德國 DAX 指數、

東京日經平均指數、香港恆生指數。

5. **利率期貨**：指以債券類證券為標的物的期貨合約，它可以迴避銀行利率波動所引起的證券價格變動的風險。利率期貨的種類繁多，分類方法也有多種。通常，按照合約標的期限，利率期貨一般可分為短期利率期貨和中長期利率期貨。前者大多以銀行同業拆款中場 3 月期利率為標的物，後者大多以 5 年期以上長期債券為標的物。

6. **外匯期貨**：指以匯率為標的物的期貨合約，用來迴避匯率風險。它是金融期貨中最早出現的品種。目前，外匯期貨交易的主要品種有美元、英鎊、德國馬克、日元、瑞士法郎、加拿大元、澳大利亞元、法國法郎、荷蘭盾等。從世界範圍看，外匯期貨的主要市場在美國。

第二，在了解了期貨的分類之後，我們還需要明白的就是影響期貨價格變化的因素

事實上有很多因素都可以對期貨的價格造成影響，如商品供需關係的變化、各國財政政策和貨幣政策的動向、投機因素等，但對期貨價格影響最為深遠、最為持久的因素當屬總體經濟的運行狀況等，通常主要透過以下幾個管道表現出來。

1. 總體經濟形勢變化會影響到投資者的信心。當 GDP 增速加快時，投資者對後期經濟形勢充滿信心，就會以做多為主；反之，投資者對後市普遍看淡時，會選擇平倉或賣空，導致市場賣壓加大，期貨價格走低。

2. 總體經濟形勢的變化會影響到商品的供需關係。當經濟增速開始回升時，投資增速會加快、居民消費額會不斷

上升、外貿出口也會增加，在它們帶動下，商品需求量會不斷擴大、現貨供應壓力會逐步減輕，期貨價格會穩步上揚；反之，期貨價格則可能步步走低。

3. 隨著總體經濟形勢變化，國家的總體管制政策也會隨著調整。經濟增速加速初期，銀行一般採取寬鬆的貨幣政策，充足的流動性會減輕現貨壓力，從而對期貨價格產生利多影響。但當經濟增速過快、消費者物價指數（Consumer Price Index, CPI）失控、經濟出現過熱苗頭時，銀行會採取緊縮的貨幣政策，隨著市場上貨幣流動性的減少，現貨壓力會逐步加大，期貨價格會沖高回落。

第三，在投資期貨的過程中，我們需要注意的幾個問題

1. 滿倉操作

從股民轉成期民的投資者，常常把全部資金押在某一種產品上，這是炒期貨之大忌。一般建議投資者動用 20% ～ 50% 的資金用以操作，這樣的資產配置才能在期貨市場上遊刃有餘。

謝鵬軍剛剛參與期貨交易不久，但由於有一些炒股的經驗，他覺得小單開始操作太麻煩，而且認為股市會漲，期貨市場也一定大漲，索性滿倉做多。結果正逢期市回檔，由於手數比較大，損失慘重，無法繼續期貨交易，不得不離開期貨市場。

由此可見，新手交易，應該從小單量開始。期貨行情變化很快，新手由於缺乏實戰及應對各種情況的經驗，一旦出現不利情況而不能及時處理時，必將遭受重大損失，也會嚴重打擊新手的交易信心。

2. 固執己見

很多投資者經常因「固執己見」而導致錯單虧損不斷放大，被迫砍倉。具有這種心理的期貨投資者，總是希望一朝發跡，恨不得捉住一支大牛市，好讓自己一本萬利。這些人一旦在期貨投資中獲利，很多都會被一時的勝利沖昏頭腦，恨不得把自己的身家性命都押到期貨投資上去，這是很不可取的。

期貨市場其實是個借雞生蛋的市場。當期貨投資失利時，有些人常常不惜背水一戰，把資金全部投在期貨上，這類人多半落得個傾家蕩產的下場。所以，期貨市場不是賭場，不要賭氣，不要昏頭，要分析風險、建立投資計畫。尤其是有賭氣行為的人買賣期貨，一定要首先建立投資資金比例。

3. 投資飢渴

一些投資者手中沒單時總是忐忑不安，害怕失去機會，結果太早介入或逆市介入引發反覆停損，使心態變壞，當真的突破機會來臨時卻怯場觀望，錯失機會。一筆交易，假如開倉時機或價位錯誤，哪怕有再高超的平倉技巧，也不能指望它最後能盈利。其實，踏入這種盲點的人倒是有一種理論上最後能贏的方法：加死碼，不停損，直到盈利。然而，這種方法要有一個前提：有足夠的錢繼續加碼，市場也允許投資者一直加下去。

4. 做多情結

由於證券市場只有做多機制，造成投資者在做期貨時往往認做多的死理，而對於下跌行情，不光抓不住，還愛逆勢做買單，結果越買越跌。

5. 停損不及時

投資者在股市中當股東是常有的事，這主要是因為股票再怎麼跌也不會虧完。但在期貨市場，如果投資者感覺自己目前是盈利，便不嚴格按照自己的指令或者根本不考慮停損，這樣遲早會損失慘重甚至血本無歸。在市場整體趨勢向好之際，投資者不能盲目樂觀，更不能忘記風險而隨意開倉。期貨操作需要設定自己的停損位，而且需要嚴格執行。如果不注意，風險將進一步擴大。

投資者在出現損失時，往往會優柔寡斷，心存僥倖，放棄執行停損計畫，希望透過拖延來等待行情的扭轉，把損失「拖」回來。特別是在損失巨大時，投資者會因為心理上難以承受，希望透過拖延來減小損失幅度。這是期貨交易中最難以克服的，也是最常見的盲點。

事實上，任何一筆交易都有最佳的停損時機和停損位置，一旦錯過，不僅不能挽回最初的損失，還有可能導致巨大損失。尤其是在逆勢操作出現損失的時候，更應該當機立斷，嚴格執行停損，這就是所謂的「不怕錯、只怕拖」。

李東林是有十幾年經驗的「老股民」了，多年的股票操作經歷使他養成了「買進且持有」的「策略」，有人給他起了個綽號「老被套」。

李東林聽說金融期貨交易所上市交易「股指期貨」合約，便在期貨公司開戶交易股指期貨。李東林心想，交易股指期貨合約跟做股票一樣，先買進，等漲了就賣，如果跌了，就被套，那麼就做多。由於股市調整，股指下跌，股指期貨合約價格也全面走低。此時，李東林心想，不就是被套了嘛，沒什麼，不就下跌了幾點嘛！

又過了兩天，行情繼續下跌，他接到期貨公司發來的「追加保證金通知」。他心想，不用追加，過兩天，就會上漲的。結果，第二天被期貨公司強行平倉了。強行平倉後第三天，期貨價格又上漲了，可此時價格上漲跟李東林已經沒什麼關係了。

「不怕錯，只怕拖」是股指期貨投資最重要的原則。自有期貨以來，沒有任何一個投資者能夠百戰百勝。只要是人，交易中出現考慮不周或失算的情況是難免的。問題在於，出錯後怎麼應對！

停損觀念是「不拖」原則的最直接展現。經驗表明，期貨交易最重要的就是養成第一時間進行「停損」的好習慣。第一時間停損的好處是，即使行情出現不利的突變情況，投資者已在第一時間停損了，所以不至於措手不及。而面對已成事實的巨大差價，再做停損決策就更難了。

大宗商品價格指數（CCPI）

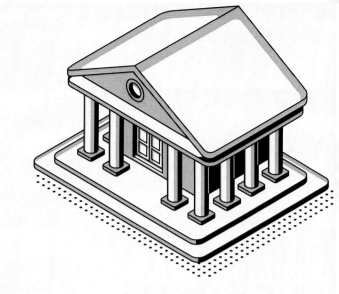

財政赤字占 GDP 比重

財政赤字占 GDP 比重

怎樣看懂財政赤字占 GDP 比重

簡單來說，財政赤字就是財政支出大於財政收入的現象。我們用一個時期的財政赤字和同期的 GDP 相比，得出的比值就是赤字占 GDP 比重，這就是赤字率。

目前，在國際上很多國家都使用財政赤字占 GDP 的比重這個指標來衡量國家的財政狀況。一個國家只要將自己的赤字規模是維持在 GDP 的 3% 以內，這些赤字都在安全範圍之內。

出現財政赤字的原因是多方面的，通常有三種情況：

第一，政府為了刺激經濟成長，便預先做出財政赤字的財政運轉模式。

第二，因為政府對經濟的管理不當而造成大量的浪費和稅收損失，從而造成入不敷出的狀況。

第三，因為出現了天災人禍等這些不可抗力因素，比如自然災害、瘟疫、戰爭等情況的發生，當面臨這些局面的時候，政府的計畫外開支必然會加大，這就造成了嚴重的財政赤字。

著名經濟學家凱因斯認為，財政赤字有時可以作為一項財政政策刺激經濟成長。現在，這種觀點已經得到廣泛的認可。當然，財政赤字需要保持在一定的範圍內，否則會對經濟產生不良影響。

一方面是因為過高的赤字最終必須以一定的方式進行彌補，可是彌補的方式也是非常有限的，通常只有使用財政結餘、國債、稅收、向央行透支這幾種方式。於是最後就只能用稅收來彌補這些赤字。可是這樣的做法會給企業帶來比較大的負擔，對國民經濟的發展是不利的。不論採用什麼方法去彌補過大的赤字，這些都會給國

民經濟帶來負面影響。

另一方面，如果一個國家的財政狀況長期惡化，就會造成該國家的貨幣在國際貨幣市場上被預期走低，從而引發國家貨幣貶值。雖然這樣對國家的商品出口有利，可是它對該國的進口是非常不利的。所以，對於一個國家而言，一定要控制好國家財政，尤其是不要出現比較嚴重的財政赤字。

在國際上，財政赤字占 GDP 比重是通用的衡量一個國家的財政狀況的重要指標。其實，這個指標不但能反映出一個國家的財政狀況，同時也能反映出一些其他方面的重要資訊：

第一，如果該指標越大就表明國民財富中會有更多的資源被用來彌補財政赤字。GDP 是一國全年的生產能力的表現，如果財政赤字在 GDP 中所占有的比重很大，這就說明 GDP 中有很多財富將用於政府償債，不論國家採用什麼方式去解決這些債務，都需要動用 GDP 的占有率。

第二，結合國家的經濟成長率、失業率等情況，我們從中可以看出國家的整體經濟情況是否出現了惡化。倘若往年的財政赤字占 GDP 的比重並不是很大，可是近年來這個指標卻出現了迅速攀升，這就需要引起政府部門的高度重視，要警惕國家的經濟是否已經進入了惡化的狀態。對於國家整體經濟狀況的了解，我們還需要和近年來的經濟成長率、失業率等這些指標綜合起來進行觀察，倘若這些指標都出現了不同程度的惡化，這就表明國家經濟的發展正在逐步走向惡化的狀態。

第三，結合國家的國債依存度，就可以預測出財政赤字的彌補對國債的依賴程度。國債依存度就是指國債發行額占財政支出的比

重，也就是說財政支出中有多大比重來自國債，是國家財政支出對國債的依存情況。倘若這個指標數值比較大，這就表明了國家的財政赤字對國債的依賴程度已經很高，需要引起相關政府部門的重視。國際公認的國債依存度的警戒線是 20%。

財政赤字對經濟發展的影響

也許，很多人都認為財政赤字對於國家的發展只有弊，沒有利。事實上，這種觀點是不正確的。在特定時期，財政赤字可以作為積極財政政策的手段。

我們可以舉這樣一個例子：在通常年分，政府一般會將資金主要投向一些經常性項目上，比如國防、醫療、教育等公共服務的提供。所以政府並沒有太多的資金儲備進行生產性投入。當國家的經濟處在蕭條時期，私人資本的投資信心降低，整個社會的需求不足。

在這個時期，政府就需要投入資源以彌補私人投資的不足，可是政府需要投入的這些錢從哪裡來？只能透過財政赤字的方式來彌補，這樣才能啟動經濟逐漸回升。由此可見在經濟的發展過程中，財政赤字也有其積極的作用。

財政赤字對經濟發展的影響既有消極作用，也有積極作用。

第一，消極作用

1. 財政赤字的政策當然不可能解決一切的市場問題。國家透過財政赤字來刺激投資，其實也就是擴大生產能力。這種方法有可能是用進一步加深未來生產過剩的辦法讓

當前的生活過剩得到暫時性的緩解。如果經過長期擴張累積，那必然會造成更猛烈的經濟危機暴發。

2. 財政赤字會增加政府的債務負擔，引發財政危機。財政風險是指財政不能提供足夠的財力，從而造成國家機器的運轉遭受嚴重損害的可能性。如果這種可能性轉化成了現實，輕則會讓政府的財政處在入不敷出的狀態，重則會引起財政危機，同時也會造成政府信用的喪失。

財政赤字規模有一個合理的界限，倘若一個國家的赤字規模過大，就會引發國家信用危機。當前，國際上通常用四個指標對財政赤字的風險性進行評價，這四個指標分別是：

財政赤字率，也就是赤字占 GDP 的比重，通常情況下這個比值在 3% 以下就是安全的；**債務負擔率**，也就是國債餘額占 GDP 的比重，該比值一般以低於 60% 是安全的；**財政債務依存度**，也就是當年國債發行額／（當年財政支出 + 當年到期國債還本付息），該指標低於 30% 就處在安全的範圍內；**國債償還率**，也就是當年國債還本付息／當年財政支出，通常的安全值為不超過 10%。

3. 財政政策很容易誘發通貨膨脹。事實上，財政赤字和價格水準的膨脹性上升有著一定的必然聯繫。因為在一個社會裡，國家推行財政赤字的政策會導致貨幣需求總量增加，而事實上現存的商品和勞務的供給量並沒有出現相同比例的增加，這很容讓經濟產生一種通貨膨脹的缺口，從而引起價格水準的提高。

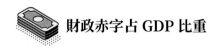

第二，積極作用

赤字財政政策通常在經濟運行低潮期使用，這是一項短期的財政政策。在短期內，如果就業狀況不充分，社會的閒散資源沒有得到最大程度利用，那麼透過財政赤字就可擴大總需求，從而帶動相關產業的發展，給經濟回暖打入強心針。

在當前全球經濟的整體成長乏力的條件下，有些國家經濟依然保持了平穩成長的態勢，之所以能出現這樣的良性局面，這與擴張性赤字的財政政策有著直接關係。從這方面來看，財政赤字也是國家實施總體管制的一個手段，國家透過擴大財政赤字可以有效動員社會資源，累積大量的社會資本，支持經濟體制深化改革，促進經濟的持續成長。

要促進經濟成長，赤字並不是靈丹妙藥。對於赤字政策的推行應當有節有度。如果赤字過度，會造成很多的不利影響，從而讓民眾對政府的信心大大降低，與此同時，新發行的國債認購率也會出現一定程度的降低，最後讓國家的信用趨於崩潰。

所以，對於政府而言，要將赤字保持在適度規模，這個問題必須引起政府的重視。從赤字實情來看，目前赤字和國債規模基本適度。但財政基礎比較薄弱，這是不可否認的現實，國家要在保持適度的赤字和政府債務的同時，大力發展經濟，提高財政的抗風險能力，讓財政保持可永續發展。

投資必讀

財政赤字對投資究竟會產生什麼影響？在經濟運行過程中，國家所推行的總體管制政策是經濟保持平穩較快發展的重要保證。最

近幾年，國家預算財政赤字出現了下降。為了保證經濟發展的良好趨勢，國家在減少財政赤字規模的同時還加大了中央政府的投資力度和規模。

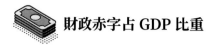 **财政赤字占 GDP 比重**

失業率

第一，公開性失業。這種失業主要包括自願失業和非自願失業兩類。自願失業就是指能夠勝任某項工作的人拒絕考慮這種工作，而暫時處在閒置的狀態；非自願失業就是指積極尋找工作，可是依然無工作可做的人。

第二，就業不足。這是指勞動者的實際工作的時間少於他們希望工作的時間。

第三，這種情況從表面上是在工作或願意工作，可是利用不充分。這種失業主要有：

1. 變相的就業不足。在現實生活中，有一些人看起來全天在農場、工廠和政府部門工作，可是他們實際上提供的服務只要更少的時間就可以完成。

2. 隱性失業。有些人因找不到工作就可能去選擇一些非就業活動，這方面最為典型的就是去接受教育和從事家務勞動。比如受過一定教育的人可能原本想著要參加工作，可是因為就業機會缺乏而被迫繼續上學等等。

3. 提前退休。這種現象在公務員團隊中是比較明顯的，而且呈上升趨勢。從世界上其他的很多發展中國家的情況來看，雖然人們的壽命在延長，可是退休年齡卻在逐漸提前，出現這種情況的主要是為了將更多的年輕就業和升遷的機會留給年輕人。

第四，損傷。這是指本來在整個工作階段都能工作的人，可是由於營養不良或缺乏正常的保健條件而造成身體欠佳，或者不能做全日工作。

第五，生產無效益。指原本具備生產性的勞動者，但因補充性

的物質資源不充分，生產率低下，所達到的生產成果甚至還不能補償他們的生活必需品。

目前還處在轉型發展的時期。市場經濟得到了一定程度的發展，國家的推行的國有企業改革也不斷深化，於是就產生了從一種職業（公司）轉移到另外一種職業（公司）而造成的失業越來越多；產業結構的調整、市場競爭的加劇，讓不少企業面臨停產、虧損和被兼併的命運，在這種情況下就導致這些企業中的職員可能陷入結構性失業。與此同時，技術進步也會引起排斥工人的後果（技術性失業）。此外，總體經濟運行過程中存在明顯的週期性波動，這樣就造成一些週期性失業。

一個典型的發展中國家，不但存在著一支規模不小的公開性失業團隊，而且存在著數量十分龐大的非公開性失業。就這方面而言，就業不足的形式主要集中在效益不好的國有和集體企業公司，在這些企業公司中工作的職員，他們的實際工作時間完全低於他們願意工作的時間，最為典型的就是有些企業會對部分職員長期放假。

投資必讀

雖然說失業率是一個總體經濟上的概念，看似距離我們的日常生活比較遠，但它和我們的個人理財有著極其密切的關係。在投資市場上股市的趨勢可以說是經濟情況的風向標，而失業率就是股市的風向標。失業率在反映總體經濟運行情況中，是最靈敏、最真實的指標之一。所以，如果能對失業率做出正確判斷，這對我們的投資理財可以帶來很大的方便。

 **失業率**

從個人或家庭的角度來看，他們的財務狀況其實在基本上都是由個人自己或者家庭成員的就業狀況所決定的。失業率同時還會讓一個人的就業態度受到影響。在失業率偏高的時候，就應該當好好的保住工作。

相反，在低失業率環境下，不妨向老闆要求漲薪資。同樣道理，在高失業率的環境下，家庭消費就需要做出適當控制，從而可以提高家庭的結餘比例，也就是說要做好積穀防飢的措施，同時，家庭的緊急備用金也需要適當多留一點。

富裕人群中有 80% 以上都來自擁有自己企業的人。只有當我們的社會找回了缺失的失業率，並且將失業率作為政府在經濟上最重要的指標來考核的時候，經濟成長模式才能夠真正轉變，內需才能夠真正起來，企業的黃金時代也才有可能再次到來。因為提供就業職位最主要的力量是廣大的中小企業。

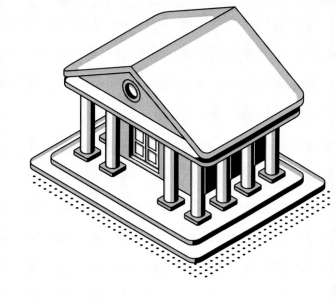

出口退稅率

 出口退稅率

出口退稅率概念的基本解讀

什麼是出口退稅率？事實上，它是指出口貨物的實際退稅額與計稅依據之間的比例，也就是指對出口商品已徵收的稅部分或全部退還給出口商的一種措施，它是出口退稅的中心環節，是國家在一定時期內經濟政策的展現。出口退稅率反映了出口貨物的實際徵稅水準。一般情況下，退稅率都是根據出口貨物的實際整體稅負來進行確定，同時，出口退稅率也是零稅率原則和總體管制原則相結合的產物。

出口退稅率的政策解讀

出口退稅政策一直是處於變動狀態之中的。國家為了解決出口欠退稅款的問題，充分發揮出口退稅對出口商品結構的調節作用。出口退稅政策對鼓勵企業出口有非常重要的作用，同時也經濟發展過程中扮演著很重要的角色。

第一，降低出口退稅率不違背 WTO 的規定。

WTO 有這樣的規定，一個國家的出口退稅最大力度不能超過「零稅率」，否則就會被視為政府對出口產品進行補貼，這樣就會受到 WTO 的制裁。但對於具體的退稅率，則是由一國政府根據自己的政治、經濟目標和財政承受能力而決定的，因為這樣可以做到從實際出發，在法定徵稅稅率範圍之內，確定出適當的出口退稅水準。事實上每個國家既可以選擇退稅和不退稅，也可以選擇多退稅和少退稅。

第二，出口退稅只是影響外貿出口的因素之一。

在國際市場需求規模一定的情況下，影響出口規模的主要因素就是出口商品的競爭力。實行出口退稅政策之所以能達到鼓勵企業加大出口的作用，關鍵就在於出口商得在到國家的出口退稅之後，就可以降低出口商品價格，採用這樣的降價方式增強產品在國際市場的競爭力是比較有效的。除了價格因素可以影響商品的競爭力之外，技術水準、品牌效應、售後服務等諸多因素也會影響出口商品的競爭力，所以，出口退稅政策只是影響出口商品競爭力並進而影響出口的一個因素。

第三，國家增加或減少的出口退稅並非全部由出口企業獲得或承擔。

當提高出口退稅率時，外國進口商往往就會壓低國家出口商品的價格，國家增加的退稅支出，有一部分變成了外國進口商節約的進貨成本。當國家降低出口退稅率的時候，國家出口企業增加的成本往往是由三方面進行承擔的，一是供貨企業在價格上做出一定的讓步，二是出口企業從盈利中消化一塊，三是外國進口商消化一塊。由這三方共同承擔增加的費用，這就讓退稅率對外貿出口的負面影響基本上得到了減弱。

第四，出口退稅對外貿出口的支持力度過大，會對出口產生負面影響。

有些國家出口商品運到外國後都遭到了反傾銷調查。其中雖然也有些國家處於貿易保護的原因對商品進行反傾銷，但與國家許多商品競相壓價導致價格太低也有很大關係。出口商之所以能壓價的主要原因是有國家的退稅支持。在實際中，出口價格被外商壓低

後，出口量不但沒有增加，而且實際出口額也會出現一定程度的下降。

第五，出口退稅是財政支出的一種方式，不能置於一種優先於其他各項支出需要而必須足額保證的地位。

財政一面對臨強大的支出壓力，在養老、教育、科研、環保等許多方面的支出都有很大的缺口。在這樣的情況下，應在統籌考慮各項支出需要和財力可能的基礎上，相應安排退稅支出的規模。

所以，在確定出口退稅率的時候，可以根據商品在國際市場的競爭力和國家經濟社會發展的需要，對不同的出口商品實行不同的退稅率，當然要保證退稅率保持在財政所能承受的範圍之內。對於國家鼓勵出口而且在國際市場競爭力較差的一些高技術產品和機電產品，就可以將退稅率保持在徵稅率的水準；對於國家競爭力比較強的產品，如勞動力密集型商品、在國際市場占有壟斷地位的商品可以適當降低其出口的退稅率；對一些資源性商品、破壞環境的商品等則應取消出口退稅。

出口免稅不等於退稅率為零

出口免稅和退稅率為零是兩個不同的概念。要弄清楚他們之間的差別，我們就需要明白出口貨物稅收政策的三種形式：

第一，出口免稅並退稅

出口免稅是指對貨物在出口環節不徵收增值稅、消費稅，這種做法把貨物在出口環節與出口前的銷售環節都同樣視為一個徵稅環節

第二，出口免稅不退稅

出口不退稅就是指適用該政策的出口貨物因在前一道生產、銷售環節或進口環節是免稅的，所以出口時該貨物本身就不含稅，也不需要進行退稅。出口免稅主要有三種情況：一般貿易出口免稅、來料加工貿易免稅和間接出口免稅。

第三，出口不免稅也不退稅

出口不免稅是指對國家限制或禁止出口的某些貨物的出口環節視同內銷環節，照常徵收。出口不退稅是指對這些貨物出口不退還出口前其所負擔的稅款，出口退稅率為零適用這一政策。

出口貨物退稅率為零和出口免稅有一定的共同之處，那就是它們都是企業的商品出口以後沒有退稅款，可是二者之間有著很大的差別。

出口免稅的主要適用範圍有：生產企業的小規模納稅人自營出口貨物、來料加工貨物、間接出口貨物和一些特定的商品如油畫等。也就是說企業首先應將自己的出口收入計入主營業務的收入，不計算應收的退稅款，因為出口免稅。而應該將該出口商品耗用採購材料的進項稅額進行進項轉出，計人企業的主營業務成本。如果這個企業是生產型企業，那麼除了有出口免稅收入之外，同時還有出口退稅收入、內銷收入等，需要按一定的比例將出口免稅耗用的採購材料的進項稅額計算並轉出。

出口退稅率為零的情況主要適用於一些國家限制出口的商品。出口退稅率為零的貨物通常視同內銷，計提銷項稅額，所以應將出口收入計入主營業務收入，不計算應收的退稅款，然後可以根據下列的公式計算銷項稅金：

如果是一般納稅人以一般貿易方式出口上述貨物，那麼計算銷項稅額就應該採用下列公式：

銷項稅額＝出口貨物離岸價格 × 外匯幣值牌價 ÷（1+ 法定增值稅稅率）× 法定增值稅稅率

如果一般納稅人以進料加工再出口貿易方式出口上述貨物以及小規模納稅人出口上述貨物，就應採用下列公式：

應納稅額＝（出口貨物離岸價格 × 外匯幣值牌價）÷（1+ 徵收率）× 徵收率

因為該貨物的進項並不需要進項轉出，所以就可以直接進行進項抵扣。對於應計提銷項稅額的出口貨物，倘若生產企業已按規定計算免抵退稅不得免徵和抵扣稅額並已轉入成本科目的，就可以從成本科目轉入進項稅額科目；倘若外貿企業已經按規定計算徵稅率與退稅率之差並已轉入成本科目的，則可以將徵稅率和退稅率之差及轉入應收出口退稅的金額轉入進項稅額科目。

投資必讀

通常情況下，當國家下調了出口退稅率，這對於企業的出口而言就是不利的。因為這樣就會直接導致企業的出口成本和定價得到提高，對產品在國際市場的競爭力形成不利的影響。

據相關部門計算，當國家將出口退稅率每下調 1 個百分點，就會讓企業的出口成本增加 1 個百分點。如果下調 3 個百分點，那麼企業的出口成本就會增加 4%。同時當前產品的出口報價是以原來的出口退稅率為基礎的，而國家下調了出口退稅率，於是企業就需要對其出口產品的報價做出適當的調整，這還需要和進口商進行溝

通，於是就會讓一些訂單推遲甚至失去，這也對出口企業而言是不利的。

　　所以在我們進行日常投資的時候，要對出口退稅率方面的政策多加注意，隨時根據政策的變化對自己的投資方式作出適當的調整。

 出口退税率

城鎮固定資產投資

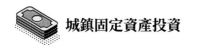 **城鎮固定資產投資**

固定資產投資的分類

所謂固定資產投資就是指建造和購置固定資產的經濟活動，也就是固定資產的再生產活動。這個再生產的過程主要包括了固定資產的更新（局部和全部更新）、改建、擴建、新建等活動。

固定資產投資的分類有多種標準，標準不同，所分出的類別也不同，具體有以下這些方面：

第一，按經濟類型分類

全社會的固定資產投資按經濟類型進行分類的話可分為國有、集體、個體、聯營、股份制、外商等。

第二，按管理管道分類

對全社會固定資產投資按照顧理管道進行分類，主要可分為基本建設、更新改造、地開發投資和其他固定資產投資四個部分。

1. 基本建設投資

首先我們要弄明白什麼是基本建設。它是指企業、事業、行政公司以擴大生產能力或工程效益為主要目的所進行的新建、擴建工程及有相關工作。假設基本建設的總投資範圍為 200 萬元以上（含 200 萬元，下同）的基本建設項目。具體包括：

(1) 中央和各級地方本年計畫進行的基本建設項目，以及一些還未列入本年基本建設計畫的，但使用以前年度基建計畫內結轉投資（包括利用基建庫存設備材料）而在本年繼續施工的建設項目；

(2) 本年基本建設計畫內投資與更新改造計畫內投資結合

安排的新建項目和新增生產能力（或工程效益）達到大中型專案標準的擴建項目，以及為改變生產力布局而進行的全廠性遷建項目；

(3) 國有單位既沒有列入基建計畫，也沒有列入更新改造計畫的總投資在 200 萬元以上的新建、擴建、恢復項目和為改變生產力布局而進行的全廠性遷建項目，以及行政、公司增建業務用房和行政公司增建生活福利設施的專案。

2. 更新改造投資

更新改造就是指企業、公司對原有的設施所進行的固定資產更新和技術改造，以及相應配套的工程和有關工作（不包括大修理和維護工程）。假設該投資的綜合範圍為總投資在 200 萬元以上的更新改造項目。具體包括：

(1) 中央和各級地方本年計畫進行的更新改造投資公司（專案）和雖未列入本年更新改造計畫，但使用上年更新改造計畫內結轉的投資在本年繼續施工的專案；

(2) 本年更新改造計畫內投資與基本建設計畫內投資結合安排的對企、公司原有設施進行技術改造或更新的項目和增建主要生產生產線、分廠等其新增生產能力（或工程效益）未達到大中型項目標準的項目，以及由於城市環境保護和安全生產的需要而進行的遷建工程；

(3) 國有單位既沒有列入基建計畫也沒有列入更新改造計畫，總投資在 200 萬元以上的屬於改建或更新改造性質的專案，以及由於城市環境保護和安全生產的需要

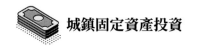

而進行的遷建工程。

3. 地開發投資

這主要是指地開發公司、商品房建設公司及其他地開發法人公司和附屬於其他法人公司實際從事地開發或經營的活動公司統一開發的包括統代建、拆遷遷建的住宅、廠房、倉庫、飯店、賓館、度假村、辦公大樓、辦公樓等房屋建築物和配套的服務設施，土地開發工程（如道路、給水、排水、供電、供熱、通訊、平整場地等基礎設施工程）的投資。單純的土地交易活動不屬於地開發投資的範圍。

4. 其他固定資產投資

其他固定資產投資就是指全社會固定資產投資中沒有列入基本建設、更新改造和地開發投資的建造和購置固定資產的活動。具體包括：

(1) 國有單位按規定不納入基本建設計畫和更新改造計畫管理，計畫總投資（或實際需要總投資）在 200 萬元以上的工程，主要涉及到以下這樣方面：

①使用油田維護費和石油開發基金對油田進行的維護和開發工程；

②在煤炭、鐵礦、森工等採掘採伐行業用維簡費進行的開拓延伸工程；

③交通部門用公路保養費對原有公路和橋梁進行改建的工程；

④商業部門用簡易建築費建造的倉庫工程。

(2) 城鎮集體固定資產投資：這是指所有隸屬城市批准建置的

建造和購置固定資產計畫總投資（或實際需要總投資）在 200 萬元以上的項目。

第三，按資金來源分類

如果根據投資的資金來源不同對固定資產投資可以分為這些類別：國家預算內資金、貸款、利用外資、自籌資金和其他資金來源。

1. 國家預算內資金

這是指中央財政和地方財政中由國家統籌安排的基本建設撥款和更新改造撥款，以及中央財政安排的專項撥款中用於基本建設的資金和基本建設撥款改貸款的資金等。

2. 貸款

指報告期內企、公司向銀行及非銀行金融機構借入的用於固定資產投資的各種借款。這主要包括銀行利用自有資金及吸收的存款發放的貸款、上級主管部門撥入的貸款、國家專項貸款、地方財政專項資金安排的貸款、儲備貸款、周轉貸款等。

3. 利用外資

指報告期內收到的用於固定資產投資的國外資金，主要包括了統借統還、自借自還的國外貸款，中外合資項目中的外資，以及對外發行債券和股票等。國家統借統還的外資就是指由政府出面同外國政府、團體或金融組織簽訂貸款協定、並負責償還本息的國外貸款。

4. 自籌資金

指建設公司報告期內收到的，用於進行固定資產投資的上級主

管部門、地方和企、公司自籌資金。

5. 其他資金來源

指報告期內收到的除以上各種撥款、固定資產投資按國民經濟行業分建設項目歸哪個行業，按其建成投產後的主要產品或主要用途及社會經濟活動性質來確定。基本建設按建設項目劃分國民經濟行業，更新改造、國有單位其他固定資產投資及城鎮集體投資根據整個企業、公司所屬的行業來劃分。

一般情況下，對於一個建設項目或一個企業、公司而言，它只能屬於一種國民經濟行業。為了更準確反映國民經濟各行業之間的比例關係，對於那些聯合企業（總廠）所屬的分廠屬於不同行業的，通常都是按分廠劃分行業。

第四，按構成分類

對於固定資產投資活動按照工作內容和實現方式的不同，可以分為建築安裝工程，設備、工具、器具購置，其他費用三個部分。

1. 建築安裝工程（建築安裝工作量）

指各種房屋、建築物的建造工程和各種設備、裝置的安裝工程。所涉及的工程主要有各種房屋建造工程，各種用途設備基礎和各種工業窯爐的砌築工程；為施工而進行的各種準備工作和臨時工程以及完工後的清理工作等；鐵路、道路的鋪設，礦井的開鑿及石油管道的架設等；水利工程；防空地下建築等特殊工程；以及各種機械設備的安裝工程；為測定安裝工程品質，對設備進行的試運工作。在安裝工程中，不包括被安裝設備本身的價值。

2. 設備、工具、器具購置

指購置或自製達到固定資產標準的設備、工具、器具的價值，固定資產的標準按財務部門規定執行。新建公司、擴建公司的新建生產線按照設計和計畫要求購置或自製的全部設備、工具、器具，不論是否達到固定資產標準，都需要計入「設備、工具、器具購置」中。

3. 其他費用

指在固定資產建造和購置過程中發生的，除建築安裝工程和設備、工具、器具購置以外的各種應攤入固定資產的費用。

第五，按建設性質分類

建設項目的性質通常可以分為新建、擴建、改建、遷建、恢復這五項。對於基本建設性質的劃分則有所不同，它是按建設項目來劃分建設性質的，更新改造、國有單位其他固定資產投資及城鎮集體投資等則是按整個企業、公司的建設情況確定建設性質，地開發公司、農村投資、城鎮工礦區私人建房等投資不劃分建設性質。

下面我們來具體看看建設專案的這五個性質。

1. 新建

一般是指從無到有、「平地起家」新開始建設的公司。有的公司原有的基礎很小，經過建設後其新增加的固定資產價值超過原有固定資產價值（原值）三倍以上的也算新建。

2. 擴建

一般是指為擴大原有產品的生產能力，在廠內或其他地點增建主要生產生產線（或主要工程）、獨立的生產線或分廠的企業；公

司和行政公司在原公司增建業務用房（如學校增建教學用房、醫院增建門診部或病床用房、行政機關增建辦公樓等）也作為擴建。

3. 改建

一般是指現有企業、公司為了技術進步，提高產品品質，增加花色品種，促進產品升級換代，降低消耗和成本，加強資源綜合利用和三廢治理、勞工安全等，採用新技術、新工藝、新設備、新材料等對現有設施、工藝條件進行技術改造或更新（包括相應配套的輔助性生產、生活福利設施）。有些企業為充分發揮現有生產能力，進行填平補齊而增建不增加本公司主要產品生產能力的生產線等行為也屬於改建的範疇。

4. 遷建

一般是指原有企業、公司，由於各種原因經上級批准搬遷到另地建設的項目。遷建項目中符合新建、擴建、改建條件的，應分別作為新建、擴建或改建項目。遷建專案不包括留在原址的部分。

5. 恢復

一般是指企業、公司因自然災害、戰爭等原因，使原有固定資產全部或部分報廢，以後又投資按原有規模重新恢復起來的專案。在恢復的同時進行擴建的，應作為擴建項目。

固定資產投資的現金流量

當我們了解了固定資產投資的分類後，還需要了解的一個重要概念就是固定資產投資的現金流量，我們可以從它的構成、計算方法、使用原因這些方面加以了解：

第一，現金流量的構成

通常情況下，現金流量指的是和投資決策有關的現金流入和流出的數量。要評價某一個投資方案是否可行，就要先計算現金流量，這是進行投資方案評估的一個基礎性指標。具體而言，現金流量是由三個部分構成的：

(一) 初始現金流量

所謂初始現金流量就是指投資行為發生時的現金流量，主要包括下面的幾個部分：

1. **固定資產投資**。這部分主要有固定資產的購入或建造成本、運輸成本和安裝成本等。

2. **流動資產投資**。主要有對材料、在產品、產成品和現金等流動資產的投資。

3. **其他投資費用**。主要包括了與投資有關的職員培訓費、談判費、註冊費用等。

4. **原有固定資產的變價收入**。這主要是指固定資產更新時原有固定資產的變賣所得的現金收入。

(二) 營業現金流量

所謂營業現金流量是指所投資的項目開始正式使用後，在其壽命週期內由於生產經營所帶來的現金流入和流出的數量。通常這種現金流量都是以年度為公司進行計算的。這裡所說的現金流入一般是指營業現金收入，而現金流出就是指營業現金支出和繳納的稅金。倘若一個投資專案每年的銷售收入等於營業現金收入，付現成本（指不包括折舊的成本）等於營業現金支出，那麼，該項目的年營業現金淨流量可以採用下列的公式進行計算：

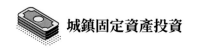

每年淨現金流量（NCF）＝每年營業收入－付現成本－所得稅

或每年淨現金流量（NCF）＝淨利＋折舊

(三) 終結現金流量

終結現金流量是指投資項目完結時所發生的現金流量，這部分現金流量具體包括：

1. 固定資產的殘值收入或變價收入。

2. 原來墊支在各種流動資產上的資金的收回。

3. 停止使用的土地的變價收入等。

第二，現金流量如何計算

為了對一個投資專案作出正確的評價，就必須正確的計算現金流量。

在實際中，為了簡化計算，通常都假定每年的投資在年初一次進行，同時將每年的營業現金流量假定每年年末一次發生，把終結現金流量看作是最後一年末發生。

在計算現金流量的時候需要遵循這樣的基本原則：只有增量現金流量才是與項目相關的現金流量。具體需要注意的問題如下：

1. 區分相關成本和非相關成本

相關成本主要是指與該專案決策有關的、在分析評價時必須考慮進去的成本。比如：差額成本、未來成本、重置成本、機會成本等都屬於相關成本的範疇。

2. 不要忽視機會成本

在實際的投資中，往往一個項目會出現多種投資方案，如果選擇了其中一個投資方案，那麼就必須放棄投資於其他途徑的機會。

其他投資機會可能取得的收益是實行本方案的一種代價，這就是這項投資方案的機會成本。事實上，機會成本和我們通常所說的「成本」是不一樣的，它並不是一種支出或費用，而是失去的收益。通常情況下，機會成本總是針對具體方案的，如果離開被放棄的方案那就無從計量機會成本。

3. 要考慮投資方案對公司其他部門的影響

4. 對淨營運資金的影響

所謂淨營運資金就是指增加的流動資產與增加的流動負債之間的差額。

第三，投資決策中使用現金流量的原因

為什麼要在投資決策中按收付實現制計算的現金流量，作為評價專案經濟效益的基礎呢？主要有兩個方面的原因：

（一）採用現金流量有利於考慮時間價值因素。

一個投資決策是否科學合理，這就必須認真考慮資金的時間價值，所以在決策的時候一定要弄清每筆預期收入款項和支出款項的具體時間。而對於利潤的計算，並不考慮資金收付的時間，它是以權責發生制為基礎的。要在投資決策中考慮時間價值的因素，就不能利用利潤來衡量項目的優劣，而必須採用現金流量。

（二）採用現金流量才能使投資決策更符合客觀實際情況。

在長期投資決策的過程中，應用現金流量就可以科學、客觀的評價一個投資方案的優劣，而利潤則明顯的存在不科學、不客觀的成分。這是因為：

1. 淨利潤的計算比現金流量的計算有更大的主觀隨意性；

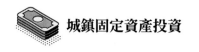
2. 利潤反映的是某一會計期間「應計」的現金流量，而不是實際的現金流量。

投資必讀

城鎮固定資產投資反映在我們的個人實際生活中，主要就是購房置業。這對大多數家庭而言都是理財中的一個非常重要的一環。

房產投資規劃能否做正確，這會對家庭資產負債狀況和現金流量產生重要影響。因此，在進行房產投資規劃過程中，購房者就應該在詳細分析自身的家庭狀況、財務狀態和職業生涯目標等這些資訊的基礎上，對自己的房產投資目標和風險屬性做出全面的分析和評估，根據自身的財務實際情況最終確定合適合自己的房產投資策略。

在房產投資之前，投資者必須進行成本測算。房產投資的成本主要有首期付款、抵押還款（包括本金和利息）、保險費、公證費、契稅、中古屋交易費用，同時也有首期付款和抵押還款的利息損失，也就是機會成本。

目前，首期付款最低為兩成，通常要求購房者在簽訂購房合同時付清。銀行抵押是指購房者資金不足而向銀行貸款的部分，貸款期限最長為 30 年。還款方式主要有等額還款法和等本金還款法等。保險費根據抵押年限計算，提前還清貸款可以按年限退還。房產所進行的每次交易，都需要繳納契稅，如果是中古屋，那麼交易費用由仲介公司收取。

弄清了房產投資成的基本構成之後，投資者就需要對房產投資進行成本測算了。因為抵押還款本金部分已經包含在房屋總價之

內，所以在計算抵押貸款成本的時候，只要計算抵押還款利息即可。利潤的具體計算公式為：

利潤＝賣出價－買入合同總價－交易費用－抵押利息支出－利息損失

如果投資者的資金有限或有意加大投資規模，則必須依靠銀行貸款，按月支付抵押利息。重要的是，要正確選擇還款方式，從上面的計算公式中不難看出，減少抵押利息支出就可以降低成本。由於等額還款法是採取遞增還本金、遞減還利息的方法，即存在「前還後息」的現象，而等本金還款法每期償還的本金固定，按實際貸款餘額計息，不存在「前還後息」的情況，所以同樣一筆銀行抵押貸款，採用等額還款法的利息支出要大於採用等本金還款法，但等額還款法前期償還的本金要少於等本金還款法。

因此，準備提前還貸的投資者應採用「等本金還款法」，以減少利息支出。以投資一間 200 萬元的小套房、頭期款 80 萬元、120 萬元按 20 年分期付款的情況為例，等額還款法的第一年利息支出約為 59664 元，等本金還款法的第一年利息支出約為 59096 元，相差 568 元，以後午分相差更大。

還需要計算投入資金的利息損失並估算一次性的交易費用。投入資金包括頭期款和分期還款，主要部分是頭期款，一般參照銀行利息計算。如果按照一年期定期利率 1.98% 計算，80 萬元頭期款的年利息損失近 16000 元。一次性的交易費用包括兩次契稅、保險費、公證費和仲介費等。一般來說，一套 200 萬元的小套房兩次的交易費用在 68000 元左右。

在房產的投資過程中，單純以收入與前期支出計算投資收益並

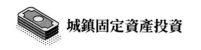

不是完全可取的,而是應該牢記機會成本的存在。

2009 年 5 月,張鵬軍先生貸款 120 萬元購買一間小套房,其貸款資金的成本為 5.51%;而其擁有一套小套房,如果出售,其售價為 120 萬元;如果出租,年收益為 4.2% 左右。

按國際慣例,如果房產投資的收益能夠達到 4% ～ 5%,說明具有較強的投資收益。因此,簡單的看投資收益,張鵬軍先生可以將房產出租而非出售。但是,結合 5.51% 的機會成本,相信當前出售則更為合理。

在了解了上述的購房注意事項之後,我們還需要注意到這樣的事實:實際生活中,人們購房的時候,往往因為年齡層不同、購房目的不同,最終所採用的房產投資策略也就自然不同。所以我們還可以從首次購房置業、中年換房、退休族購房這三個階段對房產投資策略進行分析。

第一,首次置業

該階段,一定要充分考慮自身的承受能力。這個階段的人群通常是年輕人群,他們的財務狀況可能會比較緊張,而支出將隨著家庭成員的增加而上升,儲蓄也會隨之而出現下降。當然同時也因為處在職業生涯的起步和成長階段,所以未來的收入預期可能會出現較快的成長,所以承受投資風險的能力比較強。

這類購房者在投資房產的時候,首先應該考慮自己的財務實力,然後再考慮位置和交通的便利性,接下來再考慮房屋的自身品質等方面的問題,總體而言,可以選擇能夠節省上下班時間和交通成本的、面積比較小的小戶型。這樣選擇,一方面是因為小戶型的房產目前夠用;另一方面,未來需要再次購房時也便於租售。

此外，還需要注意的是首次購房貸款的月還款額需要控制在30% 之內。這是我們每月對房子的支出額度是很大的，除了每月的還款額外，還需要其他等支出，所以要保證自己有一定的『現金支付能力。還需要考慮裝潢房屋、買家具與電器、繳納契稅和公共維修基金等一次性支出的費用。

第二，中年換房或者購置第二套房產

中年人群正處於家庭的成長階段，子女還沒有就業，而且支出也隨著家庭成員數的固定逐漸走向穩定，用來累積的淨資產開始逐漸增加。這類人群進行購房，首先需要考慮的是位置和交通的便利性，然後再考慮房屋的品質，可以講財務上的承受能力放在最後考慮。

1. 如果預測長期地價格將會出現下跌，那麼就應該將自己受傷的多餘房產儘早出手轉讓，這樣就可以節省其他房產的融資成本，防止造成房產交易損失；如果預測地價格始終看漲或短期看跌、中長期看漲，這樣就可以考慮出租自己的一套房產，採用租金的收入來償還另一套房產的月分期還款，也就是通常所說的「以房養房」、「以租抵貸」。

2. 要充分考慮到利率變動對自己的影響，學會規避利率風險。當銀行上調了貸款利率、還款壓力增大的情況下，購房者就可以考慮下面的投資策略：如果自己當前還沒有高於銀行房屋貸款利率的投資回報專案，沒有大額開支計畫的話，那就可以進行提前還貸，這樣可以減小不

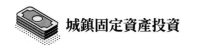

必要的利息支出，讓自己的月分期還款額占在可支配收入中的比重降低，同時也要降低預期的房租收入在還款來源中的地位，於是就可以對自己的家庭綜合理財規劃做出適當調整。

第三，退休族置業的選擇

退休族置業是為了追求更高的居住條件和生活品質，這類人群的家庭已經處在成熟階段，子女已經走上了工作職位；財務狀況良好，也已經累積了一定的資產，而且家庭的支出也隨著家庭成員數的減少而出現了下降。這個時候是他們儲蓄準備退休金的黃金時期。

這類購房者進行置業升級的時候，可以首先考慮房屋的品質，然後再考慮位置和交通的便利性，可以將財務的承受能力放在最後進行考慮。可以將自己多餘的住房在適當的時候出手變現，然後用這些錢進行一次性支付頭期款，採用這種策略可以讓自己在退休之後的支出大大降低。

採購經理指數（PMI）

採購經理指數（PMI）

採購經理指數的含義及特點

採購經理指數的英文全稱為 Purchasing Managers Index，簡稱 PMI。採購經理指數是一個體系，其涉及面很廣，涵蓋著生產與流通、製造業與非製造業等領域，這是國際通用的一種重要的總體經濟監測指標體系，在一個國家的經濟活動中具有對市場的監測和預測作用。

採購經理指數具體而言主要包括這些組成部分：新訂單指數（簡稱訂單）、生產指數（簡稱生產）、從業人員指數（簡稱雇員）、供應商配送時間指數（簡稱配送）、主要原材料庫存指數（簡稱存貨）。

通常，PMI 指數是這樣計算的：PMI= 訂單 ×30%+ 生產 ×25%+ 雇員 ×20%+ 配送 ×15%+ 存貨 ×10%。如果 PMI 的計算結果大於 50%，則表示經濟上升，反之則趨向下降。當每個月的 PMI 計算出來之後都可以和上月的該資料進行比較。一般來說，在製造業領域，匯總後的製造業綜合指數如果高於 50%，這就表明整個製造業經濟正在成長，如果低於 50% 則表明製造業經濟出現了一定程度的下降。

PMI 是一項全面的經濟指標，概括了一個國家整體的製造業狀況、就業及物價表現，在全球範圍內是一個非常受關注的經濟資料之一。除了關注整體指數外，採購經理人指數中的支付物價指數及收取物價指數也是物價指標的一種重要參照，而其中的就業指數更是常被用來預測失業率及非農業就業人口的表現。與此同時，PMI 是對亞洲出口具有較強預測力的一個前瞻性指標。一般來說，

如果採購經理人指數上升，會帶來美元匯價的上漲；如果採購經理人指數下降，會帶來美元匯價的下跌。

PMI 指數具有什麼特點呢？

第一，及時性與先導性

PMI 指數對經濟監測而言是非常重要的，它是經濟監測的先行指標。因為所採取的調查方法快速、簡便，該資料通常是每月第一個工作日發布，從時間上而言它要大大早於其他的官方資料。

第二，綜合性與指導性

事實上，PMI 是一個綜合指數體系，雖然各它所涉及的指標不多，可是涵蓋了經濟活動的多個方面，包括了新訂單、新出口訂單、進口、生產、供應商配送、庫存、雇員、價格等，其綜合指數反映的是經濟總體情況和總的變化趨勢，而各項的指標又反映了企業供應和採購活動的各個側面，特別是 PMI 中一些特有的指標是其他統計指標中所缺少的，如訂貨提前期與供應商配送時間等，這些資料有助於詳細分析行業發展走勢的成因，是國家總體經濟管制和指導企業經營的重要依據。

第三，真實性和可靠性

通常 PMI 問卷調查直接針對採購與供應經理，所得到的原始資料不做任何修改，透過直接匯總並採用科學的方法進行統計、計算，這樣就能保證資料來源的真實性。同時進行季節性調整，消除季節性波動、法規制度和法定假日等因素變化所造成的影響，從這些方面而言它具有很高的可靠性。

第四，科學性與合理性

1. PMI 樣本的選擇涵蓋的行業範圍廣，按照各行業對 GDP 貢獻的大小選取一定數量的企業，對於 GDP 貢獻大的行業就可以多選一些樣本，反之，則少。

2. 其次考慮到地理分布，所選擇的樣本企業要具有足夠的地域代表性；另外還需要考慮的是企業規模，所選的樣本企業中不同規模的企業要均有代表。這樣做就能減少隨機波動帶來的誤差。當完成了首次抽樣選擇之後，樣本基本就可以確定下來，需要注意的是應該每年度或每半年對樣本進行抽查，根據企業、採購經理資料發生的變化，及時作出適當的調整。

個體層面的總體走向

我們將這些資料和 PMI 資料結合起來就可以看到經濟繼續好轉的趨勢依然保持著，同時也驗證了 PMI 指數展現出的總體經濟走向。

PMI 指數的應用也很廣泛，不僅是總體管理部門使用，而且市場環境下的企業也可以根據 PMI 指數來安排企業的經營活動。

對企業來說，對於原材料和零部件的供應預測有時要比銷售預測都顯得更加重要。這是為什麼呢？首先是因為供應預測對控制生產和庫存等方面成本是很有利；其次，對供應做出了正確的預測就可以很好的避免缺貨。所以，企業經營者透過了解 PMI 指數就可及時判斷本行業的供應狀況以及整體經濟的走勢，這就可以為自己

的更好決策提供了保障。因此,不論是對政府部門、金融機構、投資公司,還是對企業來說,PMI 指數在總體經濟預測和商業分析方面都有十分重要的意義。

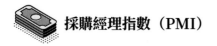 採購經理指數（PMI）

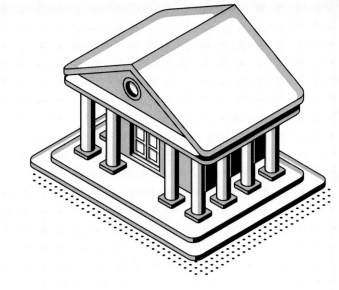

工業增加值

 **工業增加值**

工業增加值的相應指標有哪些

工業增加值是指工業企業在報告期內以貨幣形式表現的工業生產活動的最終成果；是工業企業全部生產活動的總成果在扣除生產過程中所消耗或轉移的物質產品和勞務價值後的餘額；它展現出了工業企業生產過程中新增加的價值。

工業增加值的相應指標有下面這些：

第一，固定資產折舊。

這是指固定資產在使用過程中，透過逐漸損耗（包括有形損耗和無形損耗）而轉移到產品成本的那部分價值，也就是為補償生產過程中所耗用的固定資產而提取的價值。固定資產的折舊通常是由兩部分組成，一部分是按規定比率提取的基本折舊；另一部分是為恢復固定資產在使用過程中已損耗部分的價值產生的大修理費用。

其中的基本折舊部分可從工業統計報表中「財務狀況」表的「本年折舊」項直接取得，也可根據會計「財務狀況變動表」（年報）中「固定資產折舊」項「金額」欄取得；大修理費用部分因為要獲取資料比較困難，所以這部分的費用可暫不計算。

第二，勞動者報酬。

這是指勞動者因為付出了生產活動而從生產公司得到的報酬。勞動者報酬主要有三種基本形式：

1. 貨幣薪資，這就是指用人公司以貨幣形式直接支付給勞動者的各種薪資、獎金、津貼、補貼等；
2. 實物報酬，也就是用人公司以免費或低於成本價提供給

　　勞動者的各種物品和服務等；

3.　社會保險，指用人公司為勞動者直接向政府和保險部門
　　支付的失業、養老、人身、醫療、家庭財產等保險金。

勞動者報酬可根據統計或會計資料分析歸納取得。主要有：

1. 薪資

　　根據工業統計報表中「財務狀況」表的「主營業務應付薪資」項直接取得，也可根據會計「應付薪資」科目中本期轉入「生產成本」、「製造費用」、「管理費用」、「產品銷售費用」科目的應付薪資貸方發生額歸納取得。

2. 福利費

　　根據統計報表中「財務狀況」表的「主營業務應付福利費」直接取得，也可根據會計「應付福利費」科目的貸方發生額中從「生產成本」、「製造費用」、「管理費用」、「產品銷售費用」科目中提取的福利費計算。

3. 保險費

　　根據工業統計報表中「財務狀況」表的「勞動、待業保險費」項直接取得，也可根據會計「管理費用」科目或「管理費用明細表」中的勞工保險費、待業保險費等項歸納取得。

4. 生產稅淨額

　　指企業向政府繳納的生產稅與政府向企業支付的生產補貼相抵後的差額。生產稅是政府向企業徵收的有關生產、銷售、購買、使用物質產品和服務的稅金，包括各種利前稅。

　　生產稅有三種形式：

(1) 含在物質產品和服務價格中的，由企業向政府繳納的稅金，如產品稅、營業稅等；

(2) 不含在物質產品和服務價格中而由購買者直接繳納並由企業代徵的稅金，如燒油特別稅、特別消費等；

(3) 依照規定向政府支付的有關費用。

生產稅主要包括：營業稅、增值稅、房產稅、印花稅進口稅等，以及按規定繳納的各種費用，如水資源費和水、電、煤附加等。

生產補貼是政府既為控制價格又要扶持生產而支付生產部門的補貼，包括價格補貼和虧損補貼，資料可從工業統計報表中的「財務狀況」表或會計「損益表」中的「補貼收入」項取得。

5. 營業盈餘

指社會總產品扣除中間投入、固定資產折舊、勞動者報酬、生產稅淨額後的剩餘部分。

工業企業的營業盈餘計算公式為：營業盈餘＝工業總產出—工業中間投入—固定資產折舊—勞動者報酬—生產稅淨額。對於生產週期不長，期初和期末的自製半成品、生產品價值變動不大的企業、也可根據以下公式計算：營業盈餘＝營業利潤—轉作獎金的利潤。

關閉和停產的企業，只統計關閉和停產以前所創造的工業增加值。如果某些關閉和停產企業，在主要產品停產以後，尚進行一些小商品生產，則這部分小商品生產的增加值仍應計算。

工業增加值的計算方法

關於工業增加值的計算，我們需要從以下兩個方面去做：

第一，要先了解工業增加值的計算原則：

1. 本期生產原則。

對於非報告期內生產的產品即使在報告期出售，那也不能統計在本期的生產成果範圍之內。如果是報告期生產的產品，不論是已出售的、還是尚未出售的或是不出售的（自產自用），都屬於本期的生產成果。

2. 最終成果原則。

所謂工業企業生產活動的最終成果，我們可以從兩個方面去看：如果從產品形態上看，最終成果展現的是本期生產的、已出售或可供出售的自產自用的產品或勞務，不包括在生產過程中所消耗的物質產品或勞務；如果從價值形態上看，生產過程同時也是價值轉移的過程，生產過程中耗用的產品或者中間的投入價值都會隨生產過程轉移到新產品的價值中。因此，為了避免產品價值的重複計算，統計的時候一定要切記，必須在工業總產值的基礎上扣除中間投入的轉移價值。

3. 市場價格原則。

工業增加值是以價值形態表現的工業生產最終成果的總量，它主要包括產品的數量和價格兩個因素。所以，這一總量的大小不但和數量的多少有關係，而且也與所採用的價格有關係。

對於增加值的計算價格，國際上通用的有兩種，也就是按基本價格和按生產者價格計算。按生產者價格計算的增加值，就是指生

產者價格估價的產出減去按購買者價格估價的中間投入。

第二，有了以上原則，企業要準確計算工業增加值，就需要掌握科學的計算方法。

為了確保工業增加值要素的完整，同時保證工業增加值符合國民經濟核算的要求，所以，工業企業計算工業增加值時通常採用兩種方法，也就是「生產法」和「收入法」。

1. 生產法。

生產法是指從工業生產過程中產品和勞務價值形式的角度入手，去除生產環節中間投入的價值，從而得到新增價值的方法，這種方法的具體計算公式是這樣的：

工業增加值＝現價工業總產值－工業中間投入＋應繳增值稅

該公式中的工業中間投入是指企業在報告期內用於工業生產活動所一次消耗的外購材料、燃料、動力及其他實物產品和對外支付的服務費用。當公式中的其他條件為定值的時候，如果中間的投入越低，那麼工業增加值就越高。由此我們可以看出，降低消耗是提高工業增加值率的關鍵。

2. 收入法。

收入法是從工業生產過程中創造的原始收入初次分配的角度，對工業生產活動最終成果進行核算的一種方法。這種方法的計算公式為：

工業增加值＝固定資產折舊＋勞動者報酬＋生產稅淨額＋營業盈餘

該公式中，工業增加值直接反映了工業企業的經營成果，它的

成長反映了工業企業的發展速度。生產實際中,工業增加值要求採用「生產法」來進行計算。而「收入法」工業增加值只是一個參考資料,它是「生產法」工業增加值資料的評估和驗證。

投資必讀

工業增加值也會出現波動,它和貨幣週期是相似的。只是工業增加值存在約 6 個月的時間差,在這三個週期中,工業增加值分別呈現出這樣的特點:在第一個週期的運行過程中,工業增加值同比資料呈現平穩成長的趨勢;第二個週期中,工業增加值的趨勢比較穩定,只是沒有出現明顯的上升,而且在遇到 2008 年金融危機的時候出現了劇烈下降;在第三個週期中,因為貨幣刺激力度非常大,所以工業增加值從低位迅速走高,接下來又出現了小幅的下降,逐漸保持了平穩。

行業表現需要用工業增加值來進行衡量。就具體的行業來看,雖然在過去的三次重要轉折時期市場出現了不同的表現,但是依然有一些共通性需要我們進行注意。

工業增加值同比資料在第一個轉折期中出現了震盪攀升,市場見底初期中表現較好的行業主要在一些週期性的行業中比較明顯,比如鋼鐵、交通運輸、地等。

第三個轉折期的情況類似,但因為貨幣和工業增加值成長速度快,所以週期類行業的漲幅速度就非常快,超出了以往的水準,在上漲的板塊中,有色金屬、交運設備和電子成了成長最快的三個行業。

在這三個關鍵時期,不同板塊的市場有不同的表現,其中工

 **工業增加值**

業、週期類板塊和工業增加值都是相關聯的，但消費類股票和工業增加值的聯繫就比較小。

從當前市場的低迷情況來看，有市場人士認為，也能貨幣的反曲點即將到來，只是當錢投資放緩、外貿疲軟的大環境存在，所以在接下來的一段時期內，工業增加值要想取得快速成長難度比較大，所以如果市場出現反曲點，那麼受工業波動週期影響較小的那些行業板塊將會有比較好的表現，它們有望超越大市。所以，投資者這時可以將自己的資金向這些板塊做些調整。

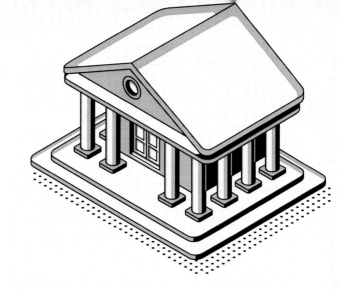

股票綜合指數

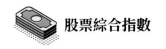

股票指數的計算應注意什麼

股票指數也就是股票價格指數，它是由證券交易所或金融服務機構編制的表明股票行市變動的一種供參考的指示數字。

由於股票價格的起伏總是不斷變化，所以投資者必然面臨市場價格的風險。如果一個投資者要了解某一種股票的價格變化，這相對來說還是比較容易的，可是如果要對多種股票的價格變化要逐一了解，這是很不容易的。

股票指數是隨著股票市場的發展應用而生的，當初，一些金融機構為了讓投資者更加方便的了解多種股票的情況，就利用自己的業務知識和熟悉市場的優勢，編制出股票價格指數進行公開發布，作為市場價格變動的參考。於是，投資者就可以根據這些資料來檢驗自己投資的效果，並可以用來預測股票市場的動向。到今天，股票價格指數已經成為股市的一個重要指標體系。它能即時的向投資者反映股市的動向，而且目前所有的股市幾乎都在股價變化的同時就立即向社會公布股票價格指數。

計算股票指數，通常需要考慮三個因素：一是抽樣，也就是在眾多股票中抽取一些具有代表性的成分股；二是加權，也就是按單價或總值加權平均，或不加權平均；三是計算程序，包括計算算術平均數、幾何平均數，或兼顧價格與總值。

目前，因為上市股票的種類非常多，所以計算全部上市股票的價格平均數或指數的工作是非常艱巨而複雜的，因此在通常情況下，人們都是從上市股票中選擇一些具有代表性的樣本股票，透過計算這些樣本股票的價格平均數或指數來表示整個市場的股票價格

總趨勢和漲跌幅度。在計算股價平均數或指數時，需要注意這些問題：

第一，樣本股票一定要具備典型性、普通性，要做到這一點，就應該在選擇樣本的時候，綜合考慮其行業分布、市場影響力、股票等級、適當數量等方面的因素。

第二，所採用的計算方法應具有高度的適應性。因為股市是不斷變化的，所以要對不斷變化的股市行情作出適當的調整或修正，讓股票指數或平均數具有一個比較強的敏感性。

第三，要具備科學的計算依據和手段。這就是說計算依據的口徑必須統一，一般都是以收盤價作為計算依據，可是因為計算頻率增加，所以有的以每小時價格甚至更短的時間價格進行計算。

投資必讀

投資者要想進入股票領域，就要對股票的綜合指數有一個清楚的了解，要看清市場形勢、認清股票趨勢，這些都是投資者必備的基本功。在股票投資市場上，要想取得成功，就要求我們針對不同的股票趨勢而採取不同的操作手段。只有這樣做，才能讓自己在股票市場上有一定的收穫。

因此，我們就應該明白怎樣在實際中去判斷股票的趨勢。通常，股市的趨勢有這兩種情況。

第一，股票正處於上升趨勢中

當一檔股票正處於上升趨勢中，那麼投資者最為關心的就是這種上升趨勢會不會被中斷。通常來說，判斷一檔股票上升的趨勢是否會中斷，對此我們可以透過下面這些方面進行綜合判斷：

1. 看整個大盤走勢如何。倘若說整個大盤的走勢在一段時期內一直不佳，這樣的話個股很難獨善其身，即使某檔股票有很好的走勢，也有可能會出現說變就變的情況。

2. 看是否有關於利空的消息。這裡所提到的利空消息就是指對股價可以產生消極影響的消息。一般來說，底部的利空消息是莊家打壓吸貨的良機；但對延續了一段漲勢後的利空消息，這個時候我們就要特別警惕了。

3. 看是否有個股的走勢出現異常現象。倘若個股出現近階段從來沒有出現過的現象，如上升趨勢變緩、高位震盪加劇等，這就表明該股票的走勢極有可能出現改變。

4. 看是否存在個股漲幅是巨大的情況。投資者置身股票市場，一定不要被勝利衝昏頭腦，我們都知道物極必反的道理，在股票市場上，有時候越是完美的走勢就越意味著趨勢即將發生改變。因此，遇到一檔股票漲幅已經巨大了，或者一隻前期漲幅已經很好的個股，在遇大盤調整時，依然強勢不改的情況，這個時候我們就要提高警覺了。

倘若沒有出現上述情況，那麼我們就可以判斷這檔股票目前還是不會改變自己的上漲趨勢的，也就是說該股票將會延續漲勢。

第二，股票處於下跌趨勢中

當股市出現大幅下跌的時候，就有可能出現幾次微弱的反彈。對於投資而言，就必須弄清楚一檔股票的反彈最終是否可以演變成一種反轉趨勢。所以，我們要弄清楚這個問題，就需要從可以從如下四個方面來進行綜合判斷：

1. 看整個大盤的轉勢。如果大盤已經出現明顯轉勢，那麼在這種大環境中，個股發生轉勢將有 80% 以上的可能性。

2. 看個股變化前的走勢如何。比如說，個股已經橫盤一段時間，築底明顯，成交量溫和放大，已經拉出幾根顯著的陽線，那麼這種反彈變成反轉的可能性較大。

3. 看個股的跌幅和時間。如果一檔股票已經持續下跌的時間很長了，跌幅嚴重，達到 40% ～ 60%，而在情況下如果出現了反彈，而且反彈的形勢還比較好，這樣該股票趨勢反轉的可能性就較大。

4. 看是否有利好消息發表。如果近期有利於市價上漲的消息放出，則轉勢的可能性很大。

當我們學會判斷股票的趨勢後，接下來就需要學會如何運用這種趨勢。在運用趨勢的時候，同樣也有兩種情況：「主要趨勢與次要趨勢」和「大趨勢與小趨勢」。

從股票的主要趨勢和次要趨勢的情況來看，大盤的趨勢始終都是主要的，而個股趨勢則是次要的。這是因為在股市中，個股的趨勢往往會受到大盤趨勢的影響。如果大盤趨勢已定，不出意外的話，90% 以上的個股運行趨勢都將與大盤一致。而從以往的股市走勢來看，大盤趨勢的基礎是資金面。當有資金大量流入，大盤就會漲；反之，當資金大量流出，大盤就會跌。

因此，我們在判斷大盤主要趨勢時，一定要查閱一些近期管理層的言論，特別是要看哪些政策會對資金產生確定性的影響。如果沒有特別有益的政策，那麼就可關注股市有沒有持續的板塊聯動的

現象，持續的板塊聯動上漲會改變大盤運行趨勢。當整個大盤趨勢呈現出良好的態勢時，我們就可以放心大膽挑選個股，然後選擇機會介入。

在股票的大趨勢和小趨勢中，通常一段大的上升趨勢總會伴隨著幾個小回檔，同時一段下跌的趨勢也一定會有幾個小反彈緊緊跟隨。在股市中賺錢的關鍵就在於順應趨勢買賣，其中有一個技巧就是「順大勢逆小勢」。

當股市處於「大勢」，即股票已經走出明顯的上升趨勢，或者已經擺脫了前段時間盤跌的趨勢，有很大機率轉勢的傾向時，就要大膽多買，因為擺脫底部的突破是最安全的買入點。可以對於我們投資者來說，這個時候一定要注意分倉，因為通常情況下我們普通人不可能有那麼准的把握，等「小勢」，也就是出現回檔的時候，我們再逢低吸納，這就是所謂的「順大勢逆小勢」。

僅僅能判斷出股票的趨勢還是遠遠不夠的，下面的這些問題對投資者而言也是不容忽視的：

1. 把握好投資時機

在股市中，有這樣一句話：選擇買賣時機比選擇股票種類更重要。的確不錯，股市的趨勢往往和政治環境、經濟環境都息息相關。倘若政治安定、社會進步、外交順暢、人心踏實，那麼股市繁榮、股價也會處在上漲的趨勢；反之，人心慌亂，那麼股市就會蕭條、股價也會出現下跌。經濟環境亦復如此，經濟衰退、股市萎縮、股價下跌；反之，經濟復甦、股市繁榮、股價上漲。這就告訴我們投資者，在投資股票前一定要先認清投資的大環境，要避免自己糊里糊塗、盲目買賣，倘若逆勢買賣，這必然會造成投資的

失敗。

劉虎平是普通的小資族，他對理財產品很感興趣。而且自己也進行一些投資，股票就是他最喜歡的一種投資方式。通常情況下，他選股票有這樣的原則：寧缺毋濫。所以，透過多年的理財累積，他投資的多是那些有發展前景的行業和具有優秀治理結構的企業的股票。去年，劉虎平看好了兩檔股票，他放了半年多，結果都取得了良好的收益。

而到了今年年初，劉虎平覺得自己所獲取的收益已經很不錯了，於是就把手上的大部分股票賣了出去。因為這些股票都是優良股，漲了近一倍了，所以這次出售讓劉虎平賺了數萬元。

當他賣出之後，這兩檔股票又大漲了一回，周圍的朋友都替他惋惜，對他說「多好的機會，如果你那時候堅持一段時間的話，所得到的收益一定比現在多不少啊，提前賣掉真是太可惜了。」劉虎平卻笑著說：「事實上，這兩檔股票的漲幅當時已經達到了我的預期，而且同時也有風險，我覺得這種風險也達到了我承受能力的上限，所以就全部賣了。我是一個普通的上班族，應該將自己的主要精力放在工作上，倘若我們繼續持有那些股票，就可能讓自己就沉迷股市而誤了工作。人不能太貪心，知足常樂，否則的話就可能給自己帶來更大的損失。」劉虎平地說法讓朋友們明白，為什麼他每次投資的基本幾乎都能得到一定的收益，而且他的工作也做得有聲有色。

2. 選擇適合自己的投資方式

不管做什麼事，都應該明白一個道理：只有適合自己的才是最好的。投資股票也是這樣的道理。倘若你的時間較為空閒，有豐富

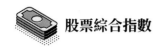

的經驗，且反應靈活，可以採用短線交易的方式；倘若你平時工作繁忙，沒有太多時間泡在股票市場，而又有相當儲蓄及投資經驗，適合採用中期投資方式；倘若你在投資的時候不以賺取差價為主要目的，而是想透過公司的紅利獲取利益，那麼最為合適的方法就是長期投資的方式。

3. 制訂資金運作計畫

在實際中，往往會有很多投資者會將自己的注意力集中在市場價格的漲跌之上，所以他們總是花很多時間去打探各種利多利空消息，研究技術指標做技術分析，希望藉此做出最佳的價格預測，可是很少有投資者會花時間制訂自身資金的運作計畫。其實，制訂資金運作計畫，合理調度和運作資金可以幫助我們降低投資風險。這是因為只有當我們對資金運作進行了充分的準備，才能在各種情況發生的時候來進行適當調整，從而規避和釋放風險。

4. 學會停損

股市中的一些成功者往往都是些善用停損的高手，在他們的眼裡，學會正確的停損有時要比學會選股更重要。股市下跌事實證明，一些善於停損的投資者的損失是微乎其微的，而不善於停損的投資者，損失程度高達 70%。所以，對於投資者來說，一定要勇敢，一定要對市場做出比較準的判斷，嚴格停損，如果出現判斷失誤，那也要儘早修正這些錯誤。

事實上，就是一個非常高明的股票投資者也會在投資中犯錯，不犯錯那是不可能的事情。可是我們一定要吃一塹長一智，要在套牢的過程中認真總結自己失敗的教訓，尤其是特增強自己的風險意識，要學會防範風險。

電子書購買

國家圖書館出版品預行編目資料

政府的錢去哪了？寫給投資客的總體經濟學：一本書搞懂 CPIx 法定準備金 x 外匯存底 x 財政赤字 x 通貨膨脹 / 喬有乾, 錢富著 . -- 第一版 . -- 臺北市：崧燁文化事業有限公司 , 2021.06
面 ; 公分
POD 版
ISBN 978-986-516-623-6(平裝)
1. 總體經濟學 2. 投資
550　　　　110004734

政府的錢去哪了？寫給投資客的總體經濟學：一本書搞懂 CPI ╳法定準備金╳外匯存底╳財政赤字╳通貨膨脹

臉書

作　　　者：喬有乾，錢富
發 行 人：黃振庭
出 版 者：崧燁文化事業有限公司
發 行 者：崧燁文化事業有限公司
E - m a i l：sonbookservice@gmail.com
粉 絲 頁：https://www.facebook.com/sonbookss/
網　　　址：https://sonbook.net/
地　　　址：台北市中正區重慶南路一段六十一號八樓 815 室
Rm. 815, 8F., No.61, Sec. 1, Chongqing S. Rd., Zhongzheng Dist., Taipei City 100, Taiwan (R.O.C)
電　　　話：(02)2370-3310　　傳　　　真：(02) 2388-1990
印　　　刷：京峯彩色印刷有限公司（京峰數位）

定　　　價：320 元
發行日期： 2021 年 06 月第一版
◎本書以 POD 印製